Für alle Liebenden der Welt

INHALT

EINFÜHRUNG

Die Frage, wie die Liebe zwischen zwei Menschen gelingt, ist schon in Tausenden von Büchern erörtert worden. Warum dann noch ein Buch dazu? Ganz einfach, weil sie, die Liebe, noch allzu oft nicht gelingt und die Welt noch nicht voller glücklicher Frauen und Männer ist, die sich gegenseitig dienen, ehren, würdigen und lieben. Das ist meine Vision unserer Welt von morgen.

Wir gehen jetzt, in diesen Jahren, mit großen Schritten in ein neues Zeitalter. Und die Liebe und das Lieben werden in der Zeit, die jetzt kommt, eine besondere, ja die zentrale Rolle spielen. Diese Liebe wird weder mit »Romantik« zu tun haben noch irgendetwas mit der »Beziehung der Bedürftigkeit«, in der einer oder beide versuchen, vom anderen etwas zu bekommen, was sie sich selbst noch nicht geben. Die Liebe zwischen Frau und Mann wird eine revolutionär andere sein, eine Liebe, die dieses Wort wahrhaft verdient.

Manch einem machen solche Sätze Angst, ich weiß. Aber es ist dieselbe Angst, die heute so viele Menschen in unfreien, lieblosen und leblosen, erstarrten Ehen und Partnerschaften ausharren lässt. Genau diese Angst, die meist die Angst des kleinen Kindes in Frau und Mann ist, sie wartet auf Liebe. Das heißt, Frau wie Mann dürfen das häufig ängstliche, einsame oder wütende Kind in sich entdecken und lieben lernen, das sie viel zu oft aus der Angst heraus steuert, nicht genug zu bekommen oder (wieder einmal) verlassen zu werden.

In meiner jetzt fünfundzwanzigjährigen Tätigkeit als Psychologe, Therapeut und Seminarleiter habe ich Tausende von Menschen erleben dürfen, die sich auf immer wieder ähnliche Weise miteinander verstrickten, anklagten, ausnutzten, langweilten und verurteilten. Und ich habe viele gesehen, bei denen der »Groschen« der Erkenntnis fiel, die den Reset-Knopf in ihrer Beziehung erfolgreich drückten und diese auf eine Schwingungsebene anheben konnten, die man wahrhaft als Liebe bezeichnen kann. All diesen Frauen wie Männern danke ich von ganzem Herzen für ihr Vertrauen in meine Arbeit und für ihren Einsatz als Pioniere im wahrhaftigen Lieben.

Ich bin mir sicher, dass manche meiner Sätze hier ins Mark treffen und zu einem freudigen oder betroffenen Aha-Erlebnis führen werden. Und zu der immer wieder gestellten Frage: »Warum habe ich das nicht früher gewusst? Wie viel Leid hätte ich mir dann ersparen können?!«

An anderer Stelle wirst du, liebe Leserin, lieber Leser, vielleicht sagen: »Wie kann man nur so denken?!« Das ist dann eine schöne Gelegenheit für dich, dir bewusst zu machen, was du selbst bisher darüber denkst. Denn das, was wir über die wichtigsten Themen des Lebens denken und glauben, ist uns meist überhaupt nicht bewusst. Darum erschaffen wir uns ja – eben unbewusst – so viel Leid und Enttäuschungen.

Andere mögen sagen: »Das kenn ich doch schon alles!« Dann frage ich dich: »Und lebst du es auch schon?« Wenn ja, meinen herzlichen Glückwunsch. Ich behaupte nirgends, dass ich DIE Wahrheit gepachtet habe. Ich spreche und schreibe nur von meiner Wahrheit. Wo mein Herz sagt: »Ja, das fühlt sich stimmig und nach Liebe an!«, das ist meine Wahrheit. Prüfe du, was davon auch deine tiefe Wahrheit ist, wo dein Herz dich spüren lässt: »Ja, das fühlt sich für mich stimmig und gut an!«

Dieses Buch ist nicht fürs Bücherregal gedacht, jedenfalls nicht im ersten Jahr. Lass es bei dir herumliegen, zum Beispiel neben deinem Bett. Schlag es auf, wann immer es dich anlacht, lies den einen Text, dessen Seite du aufschlägst, und nimm ihn mit in deinen Tag oder in deine Nacht. Er wird sich in deinem Bewusstsein entfalten, wie sich der Same einer Blume zu einer Blütenpracht entfaltet.

Das Buch handelt zwar von Partnerschaft und Beziehung. Es ist aber nicht notwendig, dass es beide Partner lesen und bereit sind, sich seinem Inhalt zu stellen, damit ihre Beziehung davon profitiert. Jede Veränderung in einer Beziehung beginnt mit einem neuen Gedanken oder einem Impuls in einem der beiden Partner. Und jeder von beiden beeinflusst jeden Tag das »Wesen« oder das Energiesystem der Beziehung durch seine Gedanken, Gefühle, Worte und Handlungen (und genauso auch durch sein Nicht-Handeln).

Mit Sicherheit wird vor allem von einigen Leserinnen das Argument beziehungsweise die Klage kommen: »Ja, *ich* weiß das ja schon alles. Aber mein Partner! Der müsste das Buch eigentlich lesen. Aber dem kann ich mit so was nicht kommen.« Solchen Einwänden möchte ich noch einmal entgegnen: Sobald einer von beiden auch nur einen neuen Gedanken zu denken und zu glauben beginnt (ob über sich, den Partner oder über die Beziehung), verändert sich etwas im Energiesystem »Beziehung«. Die meisten unterschätzen ihre eigene Macht (im positiven Sinne) und ihre Fähigkeit, etwas in der Beziehung zum anderen zu ändern, auch wenn dieser sich (noch) verschlossen zeigt.

Die Kapitel dieses Buches

Der erste Teil des Buches besteht aus fast einhundert Gedanken zu Liebe und Partnerschaft aus meiner Arbeit mit vielen Tausend Frauen und Männern in den letzten zwei Jahrzehnten. Dazwischen eingestreut habe ich einige wunderschöne Gedichte, die für mich eine tiefe Wahrheit über die Liebe widerspiegeln.

Mit unserer Sprache können wir uns der Liebe immer nur annähern. Niemand kann die Liebe definieren. Es sind immer nur Umschreibungen möglich, denn der Kern der Liebe bleibt stets ein Ge*heim*nis, das wir vielleicht einmal ein wenig lüften werden, wenn wir *heim*kommen und uns wieder an unsere erste Natur erinnern werden. Denn diese heißt »Liebe«. Ja, auch wenn sich deine Stirn noch in Falten legt bei diesem Satz – ich habe keine Zweifel daran: Du selbst bist Liebe, und Liebe ist deine ureigene Essenz. Liebe und nichts anderes.

Dieses Buch ist nicht einfach ein Lesebuch, dessen Texte man »konsumieren« sollte. Natürlich darf das auch sein. Aber das Potenzial des Buches ist weit größer. Viele meiner Gedanken hier sind alles andere als »Mainstream«, sondern bürsten gegen den Strich des »normalen Denkens«. Sie geben den Anstoß, vermeintliche, nie infrage gestellte »Wahrheiten« zu überprüfen und in eine neue Richtung zu denken. Besonders gewinnbringend kann es daher für dich sein, wenn du vor allem dort aufhorchst, wo dein Denker dir sagt: »Also, das geht mir jetzt aber zu weit!« An dieser Stelle kann Wachstum, Entwicklung oder Erkenntnisgewinn erfolgen. Anders gesagt: Dort, wo sich etwas reibt, kann ein gutes Feuer entstehen oder ein zündender Gedanke.

Für alle, die wirklich Bewegung und frischen Wind in ihre Partnerschaft bringen wollen, sind die nachfolgenden Kapitel »bester Stoff«. Die »Anregungen für

Liebende in einer Partnerschaft« im zweiten Kapitel bieten praktische Möglichkeiten für ein neues Verhalten, die bereits von vielen Paaren gelebt werden. Jede dieser Anregungen hat das Potenzial, die Beziehung, die Kommunikation und die Liebe zwischen beiden Partnern zu intensivieren. Es sind fünfundzwanzig konkrete Impulse dafür, was du beziehungsweise was ihr gemeinsam tun und lassen könnt, um eure Liebe im Alltag zu nähren, zu pflegen und zu feiern.

Darauf folgen im dritten Teil vierundzwanzig Fragen zu eurer Partnerschaft, die es in sich haben. Allein dadurch, dass sich einer der Partner (idealerweise beide) mutig diesen Fragen stellt und seine ehrlichen Antworten formuliert, hat der Prozess der Wandlung in der Beziehung schon begonnen. Geh mit diesen Fragen bitte achtsam um, »hau« sie deinem Schatz nicht einfach um die Ohren, und dränge sie ihm nicht auf. Beschäftige dich zunächst mal in aller Ruhe ganz allein mit ihnen, und finde deine ehrlichen Antworten darauf in dir. Und solltest du das Gefühl haben, dass dein Partner auch mutig und aufgeschlossen genug ist, sich diesen Fragen zu stellen, dann magst du sie ihm anbieten. Aber halte dich zunächst mit deinen eigenen Antworten zurück, und gib ihm Zeit und Raum, die seinigen zu finden.

Besonders glücklich bin ich über das vierte Kapitel. In diesem berichten zwölf Frauen und Männer, die schon ein paar Jährchen glücklich einen gemeinsamen Weg mit ihrem Schatz gehen, davon, wie sie ihre Liebe frisch halten und was sie anderen Paaren gern ans Herz legen und mit ihnen teilen. Für viele von ihnen war meine Einladung dazu eine willkommene Gelegenheit, ihre bisherigen gemeinsamen Jahre und Erfahrungen dankend und würdigend Revue passieren zu lassen. Dieses Kapitel über die Erfahrungen von glücklichen Paaren dürfte zu spannenden Gesprächen von weit mehr Beziehungspartnern führen, weil es so lebendige, leicht nachvollziehbare und sympathische Beispiele von Beziehungsleben beinhaltet. Ich möchte jedes Paar, das mein Buch liest, herzlich einladen, sich dieselbe schöne und interessante Aufgabe zu stellen, die sich diese zwölf Paare gestellt haben: sowohl eine gemeinsame Standortbeschreibung ihrer Partnerschaft anzufertigen als auch würdigend und wertschätzend auf ihre bisherige Beziehungs- und Liebesgeschichte zurückzuschauen.

Zum Abschluss biete ich hier als besonderes Geschenk meine Meditation »Sternstunden unserer Liebe« an. Mit ihr wird jeder spüren, wie sehr die Lebendigkeit einer Beziehung und die »Frische der Liebe« von der Fähigkeit abhängt, die schönen, tiefen und liebevollen Gefühle wieder hochzuholen, die einer oder beide schon einmal für den Partner und für die Partnerschaft empfunden haben.

I

WIE DIE LIEBE GELINGT

Gedanken zur Liebe zwischen zwei Menschen

Wenn du in einer Partnerschaft bist
oder dir einen Partner, eine Partnerin wünschst,
was ist dein wirkliches Motiv hierfür?
Was soll er oder sie dir geben, was du jetzt
(noch) nicht hast? Welche Erwartungen hast du
an ihn oder sie? Und gibst du dir selbst bereits
das, was du dir von einem Partner wünschst?

Der größte Irrtum, der für viel Schmerz und Enttäuschung sorgt, liegt in der Überzeugung, ein anderer Mensch habe die magische Fähigkeit oder Macht, dich glücklich zu machen. Glaubst du das vielleicht selbst auch noch? Niemand besitzt die Macht dazu – außer du selbst.

Ein wesentlicher Sinn jeder Liebespartnerschaft besteht darin, dir erstklassige Gelegenheiten zu bieten, das in dir zu entdecken, was du bisher entweder noch nicht erkannt hast oder was du noch nicht liebst. Hierdurch kannst du reifen und wachsen, deine alten Wunden heilen lassen und das Leben und Lieben feiern.

Viele können oder wollen ihrem Partner nicht die Verantwortung für seinen Weg überlassen und ihn unterstützen, ohne sich fordernd, manipulierend oder berechnend in seine Angelegenheiten einzumischen. Tust du das vielleicht auch manchmal? Dann kennst du das vermutlich aus deiner Kindheit von deiner Mutter oder deinem Vater. Ein solches Verhalten kann nie zum erwünschten Liebesglück führen.

Frauen wie Männer sowie ihre Partnerschaften und Ehen gehen jetzt in der Zeit der großen Transformation durch einen tiefgreifenden Prozess der Klärung und Veränderung, von dem sich niemand ausschließen kann. Die Liebe selbst mischt jede Beziehung jetzt ordentlich auf, schüttelt sie durch und lässt die Menschen erkennen, wo es Liebe ist und wo nicht.
Und was der Wahrheit ihres Herzens entspricht und was nicht.

Viele Menschen erleben jetzt, dass sich ihre Frau oder ihr Mann vor allem innerlich weiterbewegt und in spiritueller Hinsicht wächst. Wenn sich einer von beiden bewegt, lässt das den anderen nie kalt oder unberührt. Entweder fängt er dann an, sich auch zu bewegen, oder er bleibt in einer hilflosen Starre, oder er geht weg.

Alles, was du über Frauen oder Männer denkst und ihnen gegenüber entsprechend fühlst – seien es Unsicherheit, Angst, Aggression oder Bewunderung, Neugier, Freude oder Liebe –, all das drückst du unbewusst durch deine Ausstrahlung aus. Jeder »riecht«, was für ein Mann oder was für eine Frau du bist und ob du dein Frau-Sein oder dein Mann-Sein liebst. Und jeder reagiert auf das, was du ausstrahlst.

Millionen von Männern und Frauen stolpern seit jeher euphorisch in eine Beziehung, hoffend, den Richtigen oder die Richtige gefunden zu haben, um über kurz oder lang im emotionalen Chaos zu versinken oder sich in routinierter Langeweile einzurichten. Aus diesem Kreislauf von Täuschung und Enttäuschung steigen jetzt immer mehr Frauen und Männer aus und schauen genauer auf sich selbst, auf ihr Innenleben und besonders auf das oft liebeshungrige Kind in sich.

… Aber gebt eurer Gemeinsamkeit Freiräume.
Und lasst die Winde des Himmels zwischen euch tanzen.
Liebt euch, doch macht keine Fesseln aus der Liebe:
Lasst sie ein wogendes Meer sein zwischen den Ufern eurer Seelen.
Füllt einander die Kelche, doch trinkt nicht aus einem.
Gebt einander von eurem Brot, doch esst nicht vom selben Laib.
Singt und tanzt miteinander und freut euch,
aber lasst jeden von euch auch allein sein,
So wie die Saiten einer Laute allein sind, obwohl
sie doch schwingen in ein und derselben Musik.
Gebt eure Herzen, doch nicht in die Obhut des andern.
Denn nur die Hand des Lebens vermag eure Herzen zu halten.
Und steht beieinander, doch nicht zu nah.
Denn die Säulen des Tempels stehen getrennt,
Und der Eichbaum und die Zypresse wachsen
nicht einer im Schatten des anderen.

Aus: »Der Prophet« von Khalil Gibran

Kein Mann und keine Frau kann dir das bieten,
was du dir selbst nicht schenken kannst.
Es gibt nur einen Menschen, der dich glücklich
machen kann, und auch nur einen, der dich
unglücklich machen kann – und das bist immer
du selbst.

Unsere Enttäuschungen mit Frauen und Männern sind vor allem das Ergebnis von täuschenden, unwahren Gedanken, die wir über Partnerschaft und Liebe zu glauben gelernt haben. Unser »romantisches Beziehungsideal«, wonach es angeblich »den Traumpartner« gibt, den wir nur finden müssen, um mit ihm glücklich zu sein, liegt jetzt auf dem Scheiterhaufen der Zeit, auch wenn es immer noch in unzähligen Schnulzen besungen wird (»I need you, I need you …«).

Wenn du in einer Partnerschaft mit einem Menschen lebst, frage dich nach deinem wahren Motiv hierfür. Bist du mit jemandem zusammen, um nicht allein zu sein? Du darfst und kannst lernen, allein mit dir glücklich zu sein. Wenn es das Motiv eines Partners ist, das Alleinsein zu vermeiden, erzeugt und nährt das Eifersucht und Angst. Und durch unsere Angst ziehen wir genau das an, was wir befürchten.

Wenn sich zwei Menschen in der Liebe auf Augenhöhe begegnen und eine Verbindung eingehen wollen, dann darf jeder von ihnen erst mal etwas Eigenes darstellen: einen Menschen, der auf eigenen Beinen steht und in Liebe und Achtsamkeit gut für sich sorgen kann. Einer, der seine Verantwortung für das eigene Glück übernimmt und sie nicht delegiert oder das vermeintliche Opfer spielt.

Eine Partnerschaft der Liebe ist kein »Geben und Nehmen«, wie viele glauben, sondern ein Schenken und Sich-beschenken-Lassen, ohne Gegengeschenke zu erwarten oder gar darauf zu bestehen.

Wenn du einem Menschen – nicht nur deinem Partner – etwas gibst, dann gib es, weil dir das Schenken Freude macht und weil die Freude daran wiederum dich beschenkt und erfreut. Berechnung und Erwartung wirken wie ein Gift auf die Liebe.

Fast alle wollen wir zu jemandem gehören und einen Menschen für uns allein haben, um mit ihm Geborgenheit, Freude und andere schöne Gefühle zu erleben. Manchmal würden wir mit dem geliebten Menschen am liebsten verschmelzen und eins werden. Das ist die tiefe Sehnsucht zurück in die Einheit, aus der wir kommen.

Solange wir glauben, einen Partner zu brauchen, ziehen wir einen anderen »Braucher« an und werden bald zu »Verbrauchern«, die sich gegenseitig enttäuschen, frustrieren, Vorwürfe machen und sich am Ende als Opfer des anderen fühlen. Doch eine Liebesbeziehung ist keine »Verbraucher-Gemeinschaft«.

Wenn er und sie eine Beziehung beginnen, dann dürfen sie ab hier *drei Wege* gehen: Er geht seinen Weg als Mann, sie geht ihren Weg als Frau, und gemeinsam gehen sie einen dritten Weg als Liebespaar. Dieser dritte Weg ergibt sich aus den wirklichen Begegnungen miteinander und nicht dadurch, dass man zu zweit unter einem Dach wohnt.

Was heißt es, deinen Weg mit dir selbst zu gehen? Es bedeutet zunächst, aufs Allerbeste für dich selbst zu sorgen und mit Liebe deine Verantwortung für deine Innenwelt und dein äußeres Leben zu übernehmen. Damit entlastest du deinen Partner und machst ihm zugleich ein großes Geschenk.

Liebe schenkt

Wahre Liebe will befrein –
wenn zwei Herzen, die sich finden,
alle Stricke, die sie binden,
lösen, wird aus Haben Sein,

und aus bangem Stillestehn,
aus dem alten Herzenstehlen
wird ein Tanz der freien Seelen,
wird ein In-die-Tiefe-Gehn.

Denn ein Herz, das sich vergisst,
mag wohl Liebesschwüre singen,
doch die Liebe will nicht zwingen –
Liebe schenkt und Liebe ist.

Andrea Gegner

Du selbst, deine Beziehung zu dir und dein eigener Weg durch dein Leben können zu deinen spannendsten Themen werden. Du darfst dir zunächst selbst zum ersten Liebespartner werden, dann kommt auch eine positive Spannung in deine Beziehung.

Ein Partner, der gut für sich sorgen kann, ist ein Segen, eine Entlastung und zugleich ein Vorbild für den anderen. Und das unabhängig davon, ob und wann dieser andere das zu würdigen weiß oder respektieren kann.

Besonders am Anfang einer Beziehung glauben viele, sie müssten möglichst viel mit dem Partner machen und so oft wie möglich zusammen und sich nahe sein. Das ist ein Irrglaube, mit dem die Liebe und das Feuer der Leidenschaft in den ersten Jahren schnell »mangels Sauerstoffs« erlöschen. Es sind die kleinen hungrigen Kinder in Mann und Frau, die sich so sehr nach Liebe und Aufmerksamkeit sehnen, weil sie in ihren ersten Lebensjahren nicht satt davon geworden sind.

Jeder der beiden Partner bringt seine ganze Geschichte, alle Erfahrungen mitsamt allen Enttäuschungen, Kränkungen und Verletzungen mit in die Beziehung ein. Jede Beziehung ist auch dazu da, diese alten Wunden zu berühren, aufzudecken und sie heilen zu lassen.
Jede Beziehung ist auch eine Heilbeziehung.

Verliebtheit macht uns oft blind für *die* Seiten am Gegenüber, die wir nicht sehen wollen. Verliebtheit hat jedoch noch nichts mit Liebe zu tun, sondern erst mal nur mit der Kraft der meist erotischen Anziehung, die notwendig ist, damit wir uns aufeinander einlassen. Aus Verliebtheit kann Liebe erwachsen, wenn zumindest einer beginnt, sich für den Mut zur Wahrhaftigkeit zu entscheiden.

Wir machen uns oft eine Vorstellung, ein Bild vom anderen und verlieben uns in dieses, aber nicht in den Menschen selbst (auch wenn wir das glauben). Je länger diese Vorstellung, diese Illusion in einer Beziehung aufrechterhalten wird, umso größer ist die Enttäuschung, umso tiefer fallen wir irgendwann aus der Täuschung heraus, der wir vorher aufgesessen sind.

Erwarte nicht, dass deine Beziehung zu einem geliebten Menschen immer harmonisch und reibungslos verlaufen wird. Wenn wir einander nahekommen, können wir nicht verhindern, dass einer die Gefühlsknöpfe des anderen drückt. Wenn wir verstehen, dass wir diese Gefühle vor langer Zeit abgelehnt und in uns verdrängt haben, können wir jetzt anfangen, sie bejahend zu fühlen und zu verwandeln.

Das Auge der Liebe

Oft höre ich euch sagen, die Liebe sei blind, womit ihr meint, dass sie keine Fehler in dem Geliebten erkennen kann. Diese Art Blindheit ist der Höhepunkt des Sehens. Wäret ihr nur immer so blind, dass ihr nirgendwo einen Fehler erblicken könntet.

Klar und durchdringend ist das Auge der Liebe. Darum sieht es keine Fehler. Wenn die Liebe euer Sehvermögen gereinigt hat, dann werdet ihr nichts mehr sehen, was eurer Liebe unwürdig ist. Nur ein der Liebe beraubtes Auge findet stets den Fehler. Welche Fehler es auch immer findet, es sind nur seine eigenen Fehler.

Aus: »Das Buch des Mirdad« von Mikhaïl Naimy

Wer glaubt, seine Lebensfreude über einen Partner zu bekommen, der missbraucht ihn. Mit hoher Wahrscheinlichkeit wird dieser Mensch seinen Partner verlieren oder erst gar keinen finden. Werde dein eigener bester Liebespartner, und kläre deine Vergangenheit, sonst wiederholt sie sich.

Wenn du dich ohne Partner allein fühlst, dann begegne deinem inneren Kind, und fühle seine Gefühle der Einsamkeit oder der Angst vor dem Verlassenwerden. Das ist die beste Vorbereitung für den Partner, den du dann anziehen wirst. Werde zunächst zur Mutter oder zum Vater des Kindes in dir, sodass es sich geliebt und geborgen fühlt.

Mann und Frau kamen, um die Liebe auf die Erde zu bringen und den Tanz der Liebe zu tanzen. Bevor sie das können, dürfen sie mit sich selbst in der Freude tanzen und sich selbst lieben. Suche Liebe nicht im Außen, sondern finde sie in deinem Innern. Dann liebst du dich selbst wie deinen Nächsten.

Was tust du alles, um die Aufmerksamkeit, Liebe, Anerkennung und Bestätigung deines Partners zu erhalten, um ihn zu »halten« oder an dich zu binden? Schenk dir zunächst selbst das, was du bisher von einem Partner erwartest.

Das Kind in uns wünscht sich Sicherheit, damit sich erlittenes Leid nicht wiederholen möge. Das Herz jedoch wünscht sich, dass wir die alten Wunden heilen lassen und offen und verletzlich bleiben. Ohne den Mut, sich verletzlich zu zeigen, entsteht keine wahre Nähe.

Das Kind in uns wünscht sich, schmerzliche
Gefühle nicht mehr fühlen zu müssen.
Das Herz wünscht sich, sich mit Liebe
allen Gefühlen zu öffnen und sie durch
seine Liebe zu verwandeln.

Der Wunsch nach einem Partner beruht in vielen Fällen auf dem Wunsch nach Sicherheit, Halt und Geborgenheit in einer Welt, die scheinbar immer unsicherer wird. Dieser Wunsch wird genährt von Angst, und diese Angst führt in unseren Beziehungen dazu, dass einer den anderen kontrollieren und seine Freiheit einschränken will.

Liebe ist

Liebe ist die Würde, die ich schätze,
Liebe ist die Grenze, die ich setze,
Liebe ist die Kraft, die stets vertraut,
weil sie alle Täuschungen durchschaut.

Liebe ist das zweifellose Wissen,
Liebe ist des Herzens Ruhekissen,
Liebe ist das ewig wahre Sein,
denn es widerstrebt ihr aller Schein.

Liebe ist die größte Macht auf Erden,
Liebe ist ICH BIN in allem Werden,
Liebe ist die höchste Himmelsmacht,
die auf ewig spricht: Es ist vollbracht!

Andrea Gegner

Wenn du zu deinem Partner sagst oder über ihn denkst: »Du solltest dies …« oder »Das hättest du nicht tun sollen …«, setzt du ihn ins »Soll« statt ins »Haben«. Das heißt, du bürdest ihm eine Bringschuld auf. Du sagst ihm damit: »Ich liebe dich nur dann, wenn du dies oder jenes tust oder nicht (mehr) tust.« Das verursacht in deinem Partner Druck und Schuldgefühle. Willst du das?

Wenn dich Kritik und Vorwürfe deines Partners schnell aus der Fassung bringen, dann ist deine eigene Kritik an dir selbst die Ursache hierfür. Wer mit sich selbst hart ins Gericht geht und sich vieles vorwirft, was er angeblich »falsch« gemacht hat, anstatt mit sich selbst liebevoll, verzeihend und fürsorglich umzugehen, der fordert andere dazu auf, ihn zu kritisieren und anzuklagen. Die Kritik von außen ist dann das Echo des eigenen inneren Kritikers.

Wenn du dir von deinem Partner Achtung, Würdigung und Wertschätzung wünschst, dann darfst du zunächst lernen, dich selbst zu achten und zu lieben und deinem Partner die Achtung und Würdigung entgegenzubringen, die du dir von ihm wünschst.

Der Partner, der versucht, es dem anderen recht zu machen, und sich verbiegt, um dessen Wünschen und Erwartungen gerecht zu werden, wird immer wieder scheitern. Dieser Mensch darf lernen, es seinem Herzen recht zu machen.

Wenn du dich bisher von deinem Partner kritisiert, abgewertet und kleingemacht fühlst, dann ist das kein Fehler oder Unglück.
Es geschieht und geschah deshalb, weil du an seinem Verhalten dir gegenüber und an deiner Reaktion darauf erkennen kannst, wie du selbst innerlich mit dir umgehst und ob du zu dir stehst.

Was auch immer dein Partner an dir auszusetzen und zu kritisieren hat, die Frage ist erst einmal nicht, ob er recht hat oder nicht. Sondern wie du darauf reagierst, innerlich und äußerlich. Wenn dich die Kritik trifft, dann betrifft sie dich auch. Das heißt, sie trifft einen wunden Punkt in dir, der von dir angeschaut, geklärt und geheilt werden will.

Lass die Erwartung los, dass dein Partner, deine Partnerin sich ändern möge. Das ist weder deine Angelegenheit, noch liegt es in deiner Hand. Wenn er oder sie dich allerdings ständig angreift oder auf lieblose Weise behandelt, kannst du dich fragen, ob du das auf Dauer haben willst.

Die erste Lektion der Liebe

Die erste Lektion der Liebe besteht darin, nicht um Liebe zu bitten, sondern nur zu geben. Werdet zu einem Gebenden. Die Menschen machen aber genau das Gegenteil. Selbst wenn sie geben, tun sie es mit dem Hintergedanken, Liebe zurückzubekommen. Es ist ein Tauschhandel. Sie verströmen sich nicht, sie verschenken sich nicht freigiebig. Sie teilen aus, aber nicht vorbehaltlos. Aus dem Augenwinkel beobachten sie, ob es erwidert wird oder nicht. Arme Leute ... sie haben keine Ahnung von dem Naturgesetz der Liebe. Wer Liebe verströmt, zu dem wird sie zurückkommen.

Aus: »Das Buch der Frauen« von Osho

Partnerschaften und Ehen, die nicht von Liebe getragen sind, sondern von Angst zusammengehalten werden, lösen sich in dieser Zeit der großen Transformation auf. Denn Liebe ist der einzige wahre tragende, verbindende und nährende Stoff, der die Dinge, Strukturen und Energiesysteme zusammenhält.

Wenn du seit Langem einen Partner suchst und keinen findest, dann strahlst du vermutlich aus, dass du zurzeit noch nicht frei oder bereit für eine Partnerschaft bist. Es ist gut möglich, dass du noch sehr an einen anderen Menschen gebunden und mit ihm verstrickt bist.
Oder deine Ängste vor Enttäuschung und deine versteckten Glaubenssätze über deinen eigenen Wert sind die Ursache.

Wenn du einen Partner, eine Partnerin suchst und bisher nicht findest, beantworte dir schriftlich und ehrlich folgende Fragen: »Was denke ich über ›die Männer‹ oder ›die Frauen‹? Mit welchen Männern oder Frauen meines Lebens bin ich bis heute nicht im Frieden?« Kläre deine Beziehungen zu ihnen, zum Beispiel mithilfe meiner Meditationen (am Ende des Buchs findest du eine Liste mit empfohlenen Meditationen).

Wenn du dir schon lange einen Partner, eine Partnerin wünschst, aber niemanden findest, stell dir ehrlich folgende Fragen: »Auf was glaube ich in einer Partnerschaft verzichten zu müssen? Welche Kompromisse glaube ich machen zu müssen? Welche Ängste sind für mich mit dem Gedanken verbunden, mich (wieder) auf eine tiefe Beziehung einzulassen?«

Frau und Mann benötigen einen guten Abstand voneinander, damit sich beide anschauen und in ihrer Unterschiedlichkeit erkennen und würdigen können.

Solange du im Außen nach Liebe suchst, wirst du nur Bedürftige finden, die sie ebenfalls suchen, auch wenn es auf den ersten Blick nicht so scheint. Jemand, der sich selbst nicht liebt, kann auf Dauer nicht in Frieden mit einem Menschen zusammen sein, der sich selbst wirklich liebt.

Kein glücklicher Mensch, der mit sich selbst im Frieden ist, ist auf Dauer bereit, den Helfer, Retter oder Therapeuten für einen anderen zu spielen. Je mehr du innerlich für dich selbst tust, desto eher ziehst du glückliche Menschen an.

Die Liebe zu dir selbst ist das größte Geschenk
an deine Mitmenschen um dich herum,
ganz besonders für deinen Partner und deine
Kinder. Wer sich selbst jedoch nicht liebt, sich
aber ständig um seine Liebsten kümmert,
der wird auf Dauer zu einer Belastung für genau
die, die er liebt. Sich aufzuopfern hat nichts
mit Liebe zu tun.

Liebe befreit

Liebe ist ein Sich-Verschenken,
frei von Zweifeln und Bedenken,
ist gelebte Dankbarkeit,
unbegrenzt durch Raum und Zeit.

Liebe ist das klare Sehen,
unbegreifliches Verstehen,
denn sie blickt zu jeder Stund
tief bis auf des Herzens Grund.

Liebe ist des Menschen Wesen,
es erkennen heißt genesen,
denn sein Strahlen, es erhellt
und befreit die ganze Welt.

Andrea Gegner

Eine glückliche Beziehung setzt Partner voraus, die mit sich allein sein können und eine bewusste, liebevolle Beziehung zu sich selbst pflegen. Dazu brauchen sie Zeit. Wer sich diese Zeit nicht nimmt, verliert sich in seiner Partnerschaft schnell selbst und bleibt unzufrieden, hungrig und frustriert zurück.

Die Wahl, die wir täglich treffen, heißt: Selbstzentriertheit oder »Du-Sucht«. Wir sind oft süchtig danach (und haben es bei unseren Eltern oft genauso erlebt), unsere Nase beziehungsweise unsere Gedanken in die Angelegenheiten unseres Partners zu stecken. Das fällt manchen oft leichter, als die Verantwortung für die eigenen Baustellen zu übernehmen.

Jede Partnerschaft besteht aus mindestens vier Personen: aus zwei großen und zwei kleinen Menschen. Neben Mann und Frau gibt es den kleinen Jungen im Mann und das kleine Mädchen in der Frau. Diese Kinder stecken voller Gefühle, voller Angst, Trauer, Wut, Scham und Schuld, Neid und Eifersucht. Sie sehnen sich danach, mit ihren Gefühlen angenommen und geliebt zu werden.

Nur dann wird die Frau-Mann-Beziehung wieder zum Tanz der Liebe werden, wenn jeder sein Herz öffnet für das einsame, traurige oder wütende Kind in sich selbst. Und wenn jeder die vergangenen Jahre würdigt und sich selbst vergibt, was er sich und dem anderen eventuell angetan hat.

Das Kind in Mann oder Frau versucht, vom Partner das zu bekommen, was die Eltern ihm nicht geben konnten: Annahme, Wertschätzung, Lob, Liebe und das Gefühl: »Ich bin in Ordnung und werde so angenommen, wie ich bin.« Lerne das Kind in dir in Meditationen kennen, und schenke ihm all das, was deine Eltern ihm nicht geben konnten.

Wer sein eigenes inneres Kind in Meditationen kennen und seine Gefühle annehmen und verwandeln lernt, wer es in sein Herz nimmt, der wird zu Vater und Mutter seines inneren Kindes. Dieser Mensch ist dann in der Lage, auch das Kind im Partner zu sehen, sein Herz für es zu öffnen und in seiner inneren Mitte zu bleiben, wenn der Partner emotional »ins Kind rutscht«.

Wenn dich etwas an deinem Partner stört oder aufregt, dann spür genau hin, welches Gefühl sich gerade in dir meldet. Es ist *dein* Gefühl, das schon lange verdrängt und ungeliebt in dir war. Es wurde vor langer Zeit von dir erschaffen und wünscht sich deine Annahme und Liebe, wie all deine Schöpfungen. Der andere hat es nur ausgelöst, aber nicht verursacht.

Ich möchte dich lieben, ohne mich anzuklammern;
Dich schätzen, ohne dich zu bewerten;
Mit dir zusammen sein,
ohne deine Grenzen zu verletzen;
Dich einladen, ohne von dir zu fordern;
Dich verlassen, ohne Schuldgefühle zu bekommen;
Dich kritisieren, ohne dich anzuklagen;
Dir helfen, ohne dich zu beleidigen.

Wenn ich das Gleiche auch von dir bekommen kann,
dann können wir uns wirklich begegnen
und uns gegenseitig bereichern

Aus: »Mein Weg zu dir« von Virginia Satir

Wenn wir so etwas denken wie:
»Mein Partner sollte mich mehr lieben,
mich mehr unterstützen, ausgeglichener sein,
seine Verpflichtungen erfüllen …«, dann
kämpfen wir gegen die Wirklichkeit an.
Wir lehnen das ab, was im Moment
die Wirklichkeit ist.

Wie viele energieraubende Streitgespräche werden nutzlos darüber geführt, wer recht hat? Jeder Mensch betrachtet die Welt und das Leben, sich selbst und andere Menschen immer nur durch die Brille seiner eigenen Erfahrungen und Überzeugungen. Niemand sieht sein eigenes Gesicht im Spiegel so, wie ein anderer es sieht, auch wenn wir dies glauben.

Die Liebe will nicht recht haben. Sie sagt ihre Wahrheit und lässt jedem die seine. Jeder Mensch hat aus seiner Sicht recht, ganz gleich, wie befremdlich ein anderer seine Gedanken finden mag. Wenn wir dies verstehen, hilft uns das, die Andersartigkeit unseres Partners zu respektieren und zwei Meinungen nebeneinander stehen zu lassen. Nicht das trennende Entweder-oder, sondern das verbindende Sowohl-als-auch entspricht der Liebe.

»Bleib bei dir!« ist ein Schlüsselsatz, der dir hilft, mehr und mehr selbstzentriert, also in deiner Mitte zu bleiben und äußere Angriffe für deinen eigenen inneren Frieden zu nutzen. Verfang dich nicht im unseligen Spiel von Angriff und Verteidigung oder in Rechthaberei.

Dein Glück und das Glück deiner Partnerschaft hängen nicht in erster Linie davon ab, was dein Partner sagt, tut oder nicht tut, sondern vor allem davon, wie du auf ihn re-agierst.

Hör auf, deine Mitmenschen verändern zu wollen, sei es dein Kind, deinen Partner oder andere, die du liebst. Die Liebe liebt den anderen so, wie er jetzt ist. Wenn du ihn unterstützen möchtest, teile deine Sichtweise in Liebe mit, aber respektiere, wenn der andere sie nicht teilt.

Wenn du spürst, dass du hart zu dir selbst und zu deinem Partner geworden bist, dann entscheide dich für Weichheit, Sanftmut, Geduld und Liebe, dir selbst und ihm gegenüber. Auch wenn uns das Leben hart erscheint, sehnt sich unser Herz nach Weichheit und nach einem Aufweichen des Harten. Liebe, Verständnis und Vergebung sind die besten »Weichmacher«.

Die Liebe ist kein Tauschgeschäft nach dem Motto: »Wenn du mich liebst, dann liebe ich dich zurück.« Wahres Lieben beginnt dort, wo du liebst, obwohl der andere dich im Moment nicht liebt, dich anklagt, wütend ist und in sein inneres Kind gerutscht ist.

Wenn du von deinem Partner erwartest, dass er ehrlich zu dir ist, dann prüfe zunächst, wie aufrichtig du zu dir selbst bist. Es wird nirgends – auch ohne Worte – so viel gelogen wie in Ehen und Partnerschaften, indem vieles verschwiegen und nicht ausgesprochen wird. Wann hast du deinem Partner zum letzten Mal aufrichtig gesagt, wie es in dir aussieht oder wo es dir schwerfällt, ihn anzunehmen und zu lieben?

Weil ich dich liebe

Weil ich dich liebe, so wie du bist,
sei es im Frieden, sei's im Zerwürfnis,
bleibt es ein Wunsch mir und Bedürfnis,
dich zu verstehn.

Weil ich dich liebe, so wie du bist,
werd ich, auch wenn das Blatt sich wendet,
wenn uns die Angst vor Nähe blendet,
nicht einfach gehn.

Weil ich dich liebe, so wie du bist,
kann ich dein Licht, sein helles Funkeln,
sei es auch tief versteckt im Dunkeln,
allezeit sehn.

Weil ich dich liebe …

Andrea Gegner

Sprich aus, was dir auf der Seele liegt. Sage deinem Partner – sofern er offen dafür ist –, was dich im Innern bewegt, und sprich von dir, von deinen Gedanken und – besonders – von deinen Gefühlen. Hab den Mut, von deinen Ängsten, deiner Trauer, deiner Hilflosigkeit zu reden und dich verletzlich zu zeigen. Damit machst du ihm und dir selbst ein Geschenk.

Hab den Mut zur Wahrhaftigkeit, und zeig deinem Partner dein wahres Gesicht. Sprich zu ihm von dem, was dich wirklich bewegt. Und prüfe ehrlich, wo du vielleicht eine Rolle spielst oder etwas lebst, was du gar nicht bist.

In vielen Partnerschaften wird heute genauso viel »zerquatscht«, wie früher »zerschwiegen« wurde. Rede dann, wenn du etwas zu sagen hast, aber lass die Worthülsen weg.
Und lerne, dass ihr auch gemeinsam in Liebe schweigen könnt.

Was tust du in deiner Partnerschaft, und was unterlässt du, damit dich der andere nicht kritisiert oder gar verlässt? Wo verbiegst du dich, zeigst nicht dein wahres Gesicht und bist deinem Herzen untreu?

Sagt dein Herz ein großes JA zu der Verbindung mit deinem Partner? Oder bist du mit ihm oder ihr zusammen, weil du Angst vor dem Alleinsein hast oder weil du glaubst, keinen Besseren zu finden?
Fühlt sich diese Beziehung wirklich stimmig für dich an? Sollte dies nicht der Fall sein, dann denk nicht gleich an Trennung, sondern hab den Mut zum offenen Gespräch mit deinem Partner. Sage ihm, was in dir los ist.

Wenn dein Partner dir nicht »treu« ist, dann frage dich: »Bin ich mir selbst, meinem Herzen treu, und folge ich seiner Stimme? Oder lebe ich gegen die Stimme meines Herzens? Tue ich manches dem anderen zuliebe oder ›um des lieben Friedens willen‹?«

Wenn du dein Herz verrätst und dich in der Partnerschaft verbiegst, dann ist dies zugleich ein Verrat an deinem Partner. Du betrügst dich selbst und ihn, weil du ihm den wunderbaren und einzigartigen Menschen vorenthältst, der du in Wirklichkeit bist.

Viele Partner knüpfen ihre Liebe und Wertschätzung für den anderen daran, dass er sich ihnen anpasst und ihre Erwartungen und Wünsche erfüllt. Er möge sich in ihrem Sinne verändern. Gestehe deinem Partner seine Andersartigkeit, seinen eigenen Weg und seine eigene Geschwindigkeit zu, mit der er diesen geht.

Die alte Ehe oder Partnerschaft der Unfreiheit findet jetzt zu einem Ende. Sie ist morgen nicht mehr lebbar. Liebende Menschen verbinden sich mit liebenden Menschen und lassen sie frei. Sie lieben ihre eigene und die Einzigartigkeit des anderen. Wahre Liebe lässt den anderen immer frei. Bedürftigkeit und Erwartungen begrenzen die Freiheit des anderen und die eigene.

»Wahre Liebe lässt frei!« heißt nicht, dass Partner sich die »Freiheit« nehmen, den anderen zu verletzen, ihm zu schaden, ihn auszunutzen oder sich ihm gegenüber lieblos zu verhalten. Es bedeutet, dass wir dem Partner seinen eigenen Weg zugestehen und zugleich unserem Herzen treu sind.

Entscheide dich, ein Schenkender, ein Liebender zu sein, der weiß, dass er kein Gegengeschenk, nicht mal ein »Danke« für sein Lieben braucht, weil ihn das Schenken selbst erfreut. Du bist sehr reich an Liebe und hast tausend Möglichkeiten, deine Liebe und dein Licht der Welt zu schenken.

Frage nicht: »Woher bekomme ich Liebe?
Wer liebt mich?« Sondern entscheide dich,
selbst zu lieben. Sei ein Liebender,
eine Liebende, verschenke deine Liebe,
und hab Freude an deinem Schenken.
Das nährt dich wirklich.

Wenn du dir einen glücklichen Partner wünschst, dann schenk ihm mit dir einen Menschen, der mit sich selbst und dem Leben im Reinen ist, der Freude an seinem Sein und Tun hat, sich selbst liebt, gut für sich sorgt und aus dem Mangeldenken »Ich brauche von dir, dass du …« aussteigt. Nimm dich selbst und deinen Partner so an, wie du bist und wie er jetzt ist.

Wer mit seinem Ex-Partner innerlich noch im Krieg liegt, mit ihm und sich selbst noch hadert, ihm grollt und ihn und sich noch verurteilt, der geht mit einer unverheilten Wunde durch die Welt und läuft Gefahr, diese oder eine ähnliche Erfahrung noch einmal zu machen.

Auch wenn du eine Beziehung zu einem anderen Menschen beendest, bleibst du dennoch immer mit ihm verbunden. Es gibt im Universum keine wirkliche Trennung, alles ist und bleibt mit allem verbunden, entweder im Unfrieden verstrickt oder dankbar im Frieden.

Die Sexualität, die Lust am eigenen Körper, die Lust an der Lust, ist eines der schönsten Geschenke des Lebens an dich. Lebst und genießt du deine Lust, ob mit oder ohne Partner? Für einen »Lustverlust« ist niemand verantwortlich, außer du selbst.

Allzu schnell gewöhnen wir uns an unseren Partner, wenn er uns stets umsorgt und uns still dient. Wir verlieren dann oft den liebenden Blick und die dankbare Haltung – und die Beziehung wird schnell gewöhnlich und erstarrt in Routine.

Der Partner eines eifersüchtigen Menschen kann an dessen Eifersucht nichts ändern. Das kann nur der Betroffene selbst, wenn er die alte »Wunde der Verlassenheit« erkennt, die er meist in seiner Kindheit erfahren hat, sie bewusst, liebevoll und geduldig heilen lässt und lernt, mit sich selbst in Liebe allein zu sein, bis er das genießen kann. Eifersucht hat nie etwas mit Liebe zu tun.

Die Liebe des Herzens

Die Liebe des Herzens ist nicht die Liebe des Gemüts.
Die Liebe des Gemüts dient der Liebe des Herzens,
aber sie ist es nicht. Die Liebe des Gemüts ist Klebstoff; sie sagt:
»Du allein bist mein Glück; deshalb will ich dich an mich binden.«
Sie sagt: »Ich allein bin der Richtige für dich; deshalb will ich dich
glücklich machen und kein anderer.«

Diese Liebe ist weder ein Fehler noch ein Irrtum;
an ihr ist nichts Schlechtes und nichts Falsches.
Sie dient dazu, der Liebe des Herzens die Bahn zu bereiten.
Wer sie als Irrtum und Hindernis verwirft,
der missachtet ihren Daseinszweck und zieht ihre Rache auf sich.
Während er sich vor ihr durch seine Verachtung sicher wähnt,
wird ihr Pfeil ihn an der empfindlichsten Stelle treffen.

Sicher vor der Verwundung durch die Liebe des Gemüts ist nur der,
der sich sehenden Auges hineinbegibt;
der das Feuer der Leidenschaft nicht fürchtet,
wenn er »Ich liebe dich« haucht,
noch die Fessel der Bindung oder die Geißel der Eifersucht.
Wer die Liebe des Gemüts, wenn sie ihn trifft, annimmt
und mit der Liebe seines Herzens berührt,
der findet das Herz des Geliebten.

Die Liebe des Herzens sagt:
»Was immer du bist, ich nehme es auf in mein Sein;
was immer du fühlst, ich will es verstehen;
was immer du wünschst und ersehnst, ich achte es;
was immer dich berührt, berührt auch mich;
wohin auch immer du wachsen willst,
ich nähre dich, wie ich kann.«

Die Liebe des Herzens umfängt die Liebe des Gemüts
wie die Auster das Sandkorn;
ihr Schmerz ist ein ständiger Dorn in ihrem weichen Fleisch;
sie nimmt ihn willig auf sich.
Durch ihr widerstandsloses Umfangen verwandelt sie die
»kleine Liebe«, die Liebe des Gemüts, in einen kostbaren Schatz,
so wie die Auster das Sandkorn in eine Perle verwandelt.
Das Kostbare an diesem Schatz ist seine Schönheit;
eine Schönheit, die nur dem offenbar wird,
der die Schale seines Herzens öffnet und das,
was so viel Schmerz verursachte, ans Tageslicht befördert.

Aus: »Die Stimme des Herzens« von Safi Nidiaye

Du hast noch nie den »falschen« Partner oder die »falsche« Partnerin gehabt. Denn das Leben kann sich nicht irren. Wir werden immer auf völlig sinnvolle Weise zusammengeführt und ziehen gleichzeitig unbewusst immer den richtigen Menschen an, den wir jetzt brauchen, um etwas Wichtiges über uns und in uns zu erkennen, innerlich zu wachsen und zu reifen.

Es gibt keine Zufälle im Leben. Alles hat und hatte einen Sinn, auch wenn wir diesen Sinn oft lange nicht erkennen. Solange du das, was dir geschah, verurteilst, kannst du nicht erkennen, welcher Sinn, welche Botschaft und welches verpackte Geschenk in dieser Erfahrung für dich enthalten ist.

Das Energiesystem deiner Partnerschaft strebt immer nach Ordnung. Unfrieden, Verstrickung, abgelehnte Gefühle und Ähnliches sind Unordnung und rufen dir zu: »Schaff endlich Ordnung in dir und in deinem Leben. Mach Frieden, und korrigiere das, was sich nicht stimmig anfühlt.«

Wenn du einen Partner hast, der unter einer Sucht leidet, frage dich: »Wovon bin ich selbst abhängig? Wovon fühle ich mich nicht frei? Brauche ich den anderen vielleicht, um mich als Helfer zu betätigen oder ihn zu ›retten‹, so wie ich vielleicht damals gern Papa oder Mama geholfen hätte?« Solange der Helfer seine eigene Abhängigkeit nicht erkennt, kann der andere nicht frei werden.

Wenn einer oder beide Partner innerlich stehen bleiben, sich nicht mehr wirklich begegnen und sich nicht mehr wertschätzen, dann stirbt die Liebe. Darum leiden so viele Ehen und Partnerschaften unter Starre, Langeweile und Routine.

Du kannst keinen Partner »haben«,
du kannst nur in Beziehung mit ihm sein.
Und dieses Sein ist wie ein sich ständig
bewegendes, schwingendes, sich veränderndes
Energiewesen, das jeden Tag erneuert und
genährt werden will – mit Liebe.

Was liebst du an deinem Frau-Sein oder an deinem Mann-Sein? Bist du eine strahlende Frau? Bist du ein begeisterter Mann? Überprüfe deine Gedanken über das Frau-Sein und das Mann-Sein, und mach Frieden mit der ersten Frau und dem ersten Mann in deinem Leben, deiner Mutter und deinem Vater.

Kannst du deinem Partner wirklich zuhören, ohne ihm mit »Ja, aber …« in die Parade zu fahren? Hör nicht nur mit deinen Ohren zu, hör mit deinem Herzen hin. Hinhören und mitfühlen ist ein Geschenk und zeugt von Respekt und Liebe.

Schenk deinem Partner Zeit und Aufmerksamkeit, und hör ihm mit offenem Herzen und Mitgefühl zu. Bewerte und urteile nicht, und erteile ihm nicht ungefragt Ratschläge. Das ist eines der schönsten Geschenke, die du ihm und dir selbst machen kannst.

Wahrhaftiges, ehrlich gemeintes Lob ist für die Liebe zwischen zwei Menschen pure Nahrung. Vielleicht magst du deinem Partner in Zukunft sagen, was dir an ihm im letzten Monat besonders gut gefallen hat. Aber erwarte nicht von ihm, dass er dir gegenüber das Gleiche tut.

Solange du etwas oder jemanden aus Angst vor Verlust festhalten willst, wirst du es oder ihn verlieren. Was du freilässt, das kann bei dir bleiben. Schenk dir und deinem Partner die Freiheit, dann kann echte Liebe entstehen. Ohne Freiheit ist es keine Liebe.

»Wahre Liebe lässt frei!« heißt nicht, dass Partner »frei« sind, den anderen zu verletzen oder auszunutzen. Es bedeutet, dass du deinem Partner seinen eigenen Weg zugestehst, deinem Herzen treu bist und jeweils entscheidest, ob du den gemeinsamen Weg mit diesem anderen Menschen weiter gehen kannst und willst.

II
ANRENGUNGEN

für Liebende in einer Partnerschaft

Die folgenden fünfundzwanzig Anregungen sind als Impulse für eine lebendige Partnerschaft gedacht und nicht als »Arbeits- oder Übungsprogramm«. Ich halte wenig von Aussagen wie: »An einer Beziehung muss man arbeiten!« Aber jede Beziehung zweier Menschen ist von der liebevollen Aufmerksamkeit beider abhängig wie jede Pflanze von Wasser, Licht und liebevoller Pflege.

Manche Menschen glauben immer noch, dass man sich »nur lieben« müsse, dann würde das mit der Beziehung schon klappen. Aber unter dem »nur lieben« verstehen wir Menschen oft sehr Verschiedenes.

Lass dich oder lasst euch von den folgenden Anregungen inspirieren, und setzt eurer eigenen Kreativität bei der Gestaltung eures Gemeinschaftslebens keine Grenzen.

Zeit für das Miteinander

Reserviert regelmäßig feste Zeiten für euch beide. Entscheidet gemeinsam, was euch beide nährt, was ihr wirklich gern zusammen machen würdet, und seid in dieser Zeit nur für euch und eure Liebe da. Wenn ihr einen bestimmten Abend in der Woche hierfür festlegt, dann hilft es euch, diesen als »euren Abend« zu deklarieren und zu feiern. Ob ihr an diesem Abend ins Kino geht oder miteinander ins Bett, ob ihr gemeinsam kocht und oder nur kuschelt, schweigt oder »quatscht«, ist nicht das Wichtigste. Sondern nur, dass es eure gemeinsame Zeit ist, die ihr euch schenkt und die ihr bewusst miteinander erlebt.

Entscheidung für Werte und Haltungen

Frage deinen Partner, welche Werte und Haltungen ihm im Allgemeinen und in einer Partnerschaft im Besonderen wichtig sind. Tauscht euch darüber aus. Und entscheidet, welche davon ihr gemeinsam zu leben bereit seid, das heißt, welche davon zum Fundament eurer Partnerschaft gehören sollen.

Was regt dich am anderen auf?

Frage dich in einer ruhigen Minute: »Was genau ist es, was mich an meinem Partner, meiner Partnerin manchmal aufregt oder stört? Welche Eigenschaft oder welches Verhalten an ihm oder ihr mag ich überhaupt nicht?«

Und dann finde heraus: »Wo bin ich das vielleicht auch (und sei es nur in meinem Denken), wo mag ich es an mir selbst nicht?« Oder: »Wäre ich vielleicht manchmal auch gern so wie mein Schatz?«
Und beantworte dir bitte auch diese Frage: »Bin ich ein Mensch, mit dem ich selbst gern zusammen wäre?«

»Schatz, was wünschst du dir von mir?«

Mach es dir an einem ruhigen Abend mit deinem Partner gemütlich, und frage ihn einmal, was er von dir wünscht, um sich geliebt zu fühlen. Und dann nimm liebevoll wahr, wie er reagiert, und hör einfach nur zu, ohne zu kommentieren oder zu bewerten.

Handelst du aus Liebe?

Überprüfe für dich von Zeit zu Zeit, am besten schriftlich, was du im Alltag alles für deinen Partner tust. Liste alles im Detail auf. Und dann frage dich, ob du es wirklich liebst, all das für deinen Partner oder für eure Liebe zu tun. Sei ehrlich zu dir! Und prüfe auch: »Tue ich es vielleicht, damit er gut gelaunt oder mir zugeneigt bleibt? Oder vielleicht ›um des lieben Friedens willen‹?«

Ein Liebesbrief

Schreib deinem Partner oder deiner Partnerin mindestens einmal im Jahr einen Liebesbrief. Drück darin wertschätzend und dankend all das aus, was du an ihm oder ihr besonders magst, wertschätzt und liebst. Zugleich kannst du auch den ein oder anderen Wunsch formulieren. Aber mach deutlich, dass du daran keine Erwartung knüpfst und er schon gar keine Forderung darstellt. Gib deinem Schatz die Freiheit, deinen Wunsch zu erfüllen, wenn er kann oder will, ohne ihm unausgesprochen oder zwischen den Zeilen mit Liebesentzug zu drohen.

Verlieb dich neu

Geh im Geist ab und zu mal zum Anfang eurer Liebesbeziehung zurück, und erinnere dich: Wie liebevoll, begeistert oder aufgeregt warst du damals? Geh bewusst in diese Energie hinein, und verlieb dich noch einmal neu. (Die Meditation, zu der du am Ende des Buchs Zugang findest, hilft dir dabei.)

Danken und Loben

Nimm dir heute die Zeit, dir bewusst zu machen, welche drei Dinge du an deinem Partner oder deiner Partnerin ganz besonders schätzt und wofür du ihm oder ihr dankbar bist. Und dann entscheide dich, ihm oder ihr dies dankend und wertschätzend mitzuteilen. Drück deine Dankbarkeit mit deinen Worten aus, und denk nicht: »Das weiß er/sie sie doch!«

Mach es dir außerdem zur Gewohnheit, deinen Partner immer wieder mal zu loben – wenn du etwas wirklich lobenswert findest. Besonders sein inneres Kind wird sich darüber freuen.

Sich einander wirklich mitteilen

Wenn ihr beide bereit seid, euch wahrhaftig zu begegnen, dann vereinbart ein regelmäßiges, vielleicht monatliches Treffen von einer Stunde. Sage deinem Partner dann zum Beispiel: »Ich bitte dich herzlich, mir in den kommenden Minuten einmal alles zu sagen, was dir in Bezug auf deine Beziehung zu mir im Moment oder schon länger auf dem Herzen liegt. Und ich danke dir im Voraus für deine Offenheit und verspreche dir, dass ich dir gut zuhören will.«

Und dann gebt euch gegenseitig jeweils im Wechsel fünf Minuten Zeit zum Sprechen, während der oder die andere still zuhört. Unterbrecht euch nicht, hört nur hin auf das, was gesagt wird. Und fühlt, was das Gesagte in euch an Empfindungen, Gefühlen und Impulsen auslöst.

Ein schöner Abschluss dieses Rituals kann sein, dass am Ende jeder einen Wunsch für die Partnerschaft formuliert. Und vergesst nicht, euch für die Offenheit und Wahrhaftigkeit eures Partners am Ende zu bedanken.

Der hilflose Helfer ist keine Hilfe

Wenn dein Partner einmal in einer Krise steckt, dann prüfe, welche Gefühle dies in dir auslöst. Holt es Gefühle der Angst, Ohnmacht oder Ähnliches in dir nach oben, dann kannst du ihm in diesem Moment keine große Hilfe sein. Dann kümmere dich zunächst um deine Gefühle und das ängstliche Kind in dir. Und nimm dir Zeit für das bewusste, bejahende Fühlen aller Gefühle in dir.

Deinem Partner seinen Weg zumuten

Wenn du deinem Partner helfen willst, eine Krise zu überwinden, achte darauf, dass du ihm seine Verantwortung für sein Leben und seine Entscheidungen überlässt. Hüte dich, den Retter oder die Therapeutin, den Papa beziehungsweise die Mama zu spielen. Hör ihm mit offenem Herzen zu, aber vermeide es, Ratschläge zu geben (außer er bittet dich ausdrücklich darum). Sage ihm zum Beispiel, was du selbst an seiner Stelle machen würdest, aber frage ihn vorher, ob er es von dir hören will. Überlasse es auf jeden Fall ihm, welche Entscheidung er treffen und welchen Weg aus seiner Krise er gehen will.

»Bleib bei dir!«

Wenn dein Partner (wieder einmal) deine Knöpfe drückt, dich aufregt, ärgert, enttäuscht oder verletzt, dann halte – sobald du kannst – inne und sage zu dir selbst: »Bleib bei dir, Uschi.« »Bleib bei dir, Franz.« (als Beispiel) Zieh dich zurück und sprich zu deinem Partner nicht weiter in deiner Aufgeregtheit. Denn in diesem Zustand sind wir nicht in unserer Mitte, reden oft viel Unsinn und machen manches »gute Porzellan« kaputt.
Wenn du in dir wieder klar und in deiner Mitte bist, reich deinem Partner die Hand und frage: »Wie wollen oder könnten wir beide in Zukunft mit diesem Thema umgehen?«

Schenken aus Freude am Schenken

Mach sowohl dir selbst als auch deinem Partner oft kleine Geschenke, wenn dir nach Schenken zumute ist. Tue es nicht, »um … zu …«, zum Beispiel um deinen Partner bei Laune zu halten. Die schönsten Geschenke sind oft die kleinen Gesten der Aufmerksamkeit. Außerdem ist es Zeit für den anderen, zuhören können, Mitgefühl, Trost und Ermutigung. All das sind Zweige der Liebe.

Begegnungen im Inneren

Wenn du Angst vor einem Gespräch mit deinem Partner hast, weil du nicht weißt, wie er reagieren könnte, dann führe zunächst ein geistiges Vorgespräch mit ihm. Wie das geht? Du lädst ihn im Rahmen einer Meditation in einen inneren Raum ein, gemütlich eingerichtet, unter anderem mit zwei Sesseln. Und hier sagst du ihm in aller Ruhe mutig, wahrhaftig und liebevoll, was dir auf dem Herzen liegt und was du dir von ihm wünschst. Alles, was du hier in der Liebe sagst, kommt im Herzen deines Partners an und macht das darauffolgende »reale« Gespräch im Außen viel leichter.

Erzählt euch von eurer Kindheit

Nehmt euch regelmäßig Zeit, um über eure Erfahrungen in eurer Kindheit zu sprechen. Besonders darüber, wie ihr eure Mutter und euren Vater erlebt habt und eure Geschwister. Erfrage unter anderem liebevoll neugierig von deinem Partner, vor was oder wem er die größte Angst in der Kindheit hatte und was ihn besonders verletzt oder enttäuscht hat. Denn diese Ängste, Verletzungen und Enttäuschungen sind meist auch heute lebendig. So kann jeder liebevoll und rücksichtsvoll mit diesen wunden Stellen des anderen umgehen und ihn viel besser so annehmen, wie er ist.

»Nein« sagen und Grenzen setzen

Sage deinem Partner mutig und wahrhaft, wie du von ihm behandelt werden möchtest. Und lerne, ihm dort Grenzen zu setzen, wo er sich dir gegenüber respektlos, lieblos oder gar gewalttätig verhält oder mit Gewalt droht. Wer nicht lernt, in der Liebe »Nein!« oder »Stopp!« zu sagen, trägt mit Verantwortung dafür, wenn sein Partner wiederholt über seine Grenzen geht.

Auch Trennung kann ein Geschenk der Liebe sein

Wenn sich einer der Partner dauerhaft und über Jahre verbiegen muss, damit es nicht ständig Streit gibt, und der andere keinerlei Bereitschaft oder Ansätze zeigt, sich liebevoll zu verhalten und Verantwortung für seine Emotionen zu übernehmen, ist eine Trennung oft ein Geschenk der Liebe – an den anderen und an sich selbst. Auch wenn der andere dieses Geschenk noch nicht sehen kann.

Wenn dein Partner deine Knöpfe drückt

Wenn dein Partner deine Knöpfe drückt, dich aufregt, wütend macht oder andere negative Gefühle durch sein Verhalten in dir auslöst, dann nimm dir Zeit, diese deine Gefühle bewusst zu fühlen. Schieb deine Verantwortung für das, was du fühlst, nicht auf deinen Partner. Er hat es zwar ausgelöst, aber nicht verursacht. Deine Gefühle waren schon lange vorher in dir, oft seit der Kindheit.

Beantworte dir selbst ehrlich folgende Fragen:

1. **Welche Gefühle genau löst das Verhalten meines Partners in mir aus?** Es sind meist mehrere Gefühle, wie zum Beispiel Wut, Ohnmacht und Angst. Nimm dir Zeit, diese deine Gefühle bewusst und annehmend zu fühlen. Nimm dir dazu auch zwischendurch immer wieder mal fünf bis zehn Minuten Zeit oder nimm eine meiner Meditations-CDs zu Hilfe, beispielsweise »Frieden mit meinen ›Arsch-Engeln‹«.

2. **Welches Verhalten oder welche Eigenschaft ist es genau, das/die mich stört, nervt, ärgert etc.?**

3. **Bin ich vielleicht selbst auch (manchmal) so wie er, wenn vielleicht auch nur in meinen Gedanken?**

4. **Darf ich auch so sein? Oder wäre ich vielleicht manchmal gern auch so?**

5. **Wer in meiner Kindheit hat dieselben Gefühle in mir ausgelöst, wie mein Partner das heute tut?**

Durch deine Antworten weißt du viel mehr über die wahren Ursachen deiner emotionalen Reaktion. Unser Partner ist oft »nur« der Stellvertreter von Vater, Mutter, Bruder oder Geschwister. Und der Unfrieden und die Verstrickung mit ihnen, sie warten darauf, von uns gelöst und verwandelt zu werden.

Frag mutig nach

Oft entsteht Streit durch Missverständnisse. Wenn dich Worte deines Partners treffen und eine unangenehme körperliche oder emotionale Reaktion in dir auslösen, dann hab den Mut und frage ihn: »Was meinst du damit genau, wenn du das sagst? Kannst du mir das bitte genauer erklären?« Das gelingt nicht auf Anhieb und nicht immer. Aber es lohnt sich, das einzuüben, anstatt verletzt, schmollend oder nachtragend nach Wochen oder Monaten zu kommen und zu sagen: »Da hast du mich sehr verletzt. Das habe ich bis heute nicht vergessen!«

Vereinbart ein STOPP-Zeichen!

Für den Fall, dass ihr beide euch in einem Konflikt in Rage geredet habt – und das kommt in den besten Partnerschaften vor: Vereinbart ein Stopp-Zeichen oder ein Schlüsselwort wie »In den Arm nehmen, bitte!«. Dann haltet mindestens eine Minute lang beide den Mund, atmet tief und sanft, spürt euer Herz, und öffnet danach eure Augen für einen liebevollen Blick in die Augen eures Schatzes.

Kleine Überraschungen tun gut

Kleine Überraschungen tun der Liebe zwischen zwei Menschen gut. Überrasche deinen Schatz ab und zu mit etwas, das sein Herz und das Herz seines inneren Kindes erfreut. Und sei es ein Spielzeug oder eine Stofffigur, mit der er in seiner Kindheit gern gespielt hat. Oder überrasche ihn mit seinem Lieblingsessen.

Gute Freunde sind Gold wert

Prüfe, ob du – unabhängig von deinem Partner – einige wenige gute Freunde hast, mit denen du dich offen über alles austauschen kannst. Und falls ja, gestehst du deinem Partner auch solche Freunde zu? Gute, verlässliche Freundschaften unterstützen die Liebesbeziehung und gefährden sie nicht.

Zeit für dich allein

Nimm dir jede Woche einen ganzen Abend oder gar einen halben Tag, um ihn mit dir allein zu verbringen, am besten außerhalb deines gewohnten Umfeldes. Jedenfalls so, dass du dabei nicht gestört wirst. Schau, dass du die Zeit mit Dingen oder Aktivitäten verbringst, die dich und dein Inneres wirklich nähren. Ob es sportliche Aktivitäten oder eher ruhige Dinge sind wie ein Spaziergang, Besinnung, Meditation, Tagebuchschreiben oder etwas anderes seelisch Nährendes.
Ich empfehle jedem Menschen sogar, alle zwei bis drei Monate einmal ein ganzes Wochenende mit sich allein in einer schönen Landschaft zu verbringen und in einer ruhigen Pension zu übernachten. Solche Zeiten mit sich allein sind große Energiespender für die Liebe zwischen zwei Menschen.

Mal was Verrücktes machen

Macht es euch zur Gewohnheit, einmal im Monat etwas zu machen, was ihr noch nie gemacht habt oder wie ihr etwas noch nie gemacht habt. Öffnet euch für schöne Verrücktheiten, und tut mal etwas, was »man« normalerweise nicht tut. Eure inneren Kinder werden ihre große Freude daran haben.

Werdet zu Gebenden

Frage deinen Partner immer wieder mal: »Schatz, was wünschst du dir genau von mir, damit es dir so richtig gut geht?«, oder: »Wie oder wodurch könnte ich dir meine Liebe zeigen?« In einer liebevollen, entspannten Beziehung geben beide ihrem Partner gern das, was den anderen glücklich macht oder Wohlbefinden in ihm auslöst.

III

VIERUNDZWANZIG FRAGEN

zur Selbstprüfung

Die folgenden Fragen mögen dir, liebe Leserin, lieber Leser, dazu dienen, Klarheit und Bewusstheit zu erschaffen – in deinen Gedanken, deinen Gefühlen und in deinem Verhalten dir selbst und deinem Partner oder deiner Partnerin gegenüber. Nur wenn uns klar ist, welche uns oft unbewussten Muster oder Motive uns bisher bewegten und unser Verhalten oft steuerten, können wir unsere Beziehung zu einem anderen Menschen und zu uns selbst mit wahrhaftiger Liebe und Entschiedenheit gestalten.

Nimm dir für die Beantwortung der Fragen Zeit und Muße, und halte deine Antworten schriftlich fest. Es lohnt sich. Du wirst genau merken, welche dieser Fragen dich besonders berührt oder gar trifft. Widme dich dieser Frage mit besonderer Aufmerksamkeit, und geh nicht schnell über sie hinweg. Deine Antworten auf diese Fragen hier werden einiges an Gefühlen und an Gedanken in dir bewegen. Schenk dir die nötige Zeit, diese Gefühle bejahend zu fühlen und deinen Gedanken Raum zu geben.

Und wenn du spürst, dass dein Partner auch für solche Fragen und Klärungsprozesse aufgeschlossen ist, dann kannst du ihm anbieten, sie ebenso für sich zu beantworten. Aber dränge ihn nicht dazu. Es bringt nichts, wenn er oder sie es dir zuliebe macht.

Mit euren Antworten auf diese Fragen werdet ihr euch – jede und jeder für sich – und auch euch als Paar ein großes Geschenk machen. Ihr werdet mit großer Wahrscheinlichkeit mehr Klarheit, Ordnung, Wahrhaftigkeit und vielleicht auch mehr Frische und Nähe in eure Beziehung bringen.

1 Warum oder wozu genau hast du oder willst du eine Beziehung zu einem anderen Menschen? Was ist dein wirkliches Motiv?

2 Welche Erwartungen oder Wünsche hast du an deinen Partner? Was sollte er tun und was nicht, damit es dir mit ihm gut geht?

3 Was tust du für dich, um dich selbst glücklich zu machen? Oder wünschst du dir insgeheim, dein Partner möge dich glücklich machen? Wie pflegst du besonders deine innere Beziehung zu dir? Was genau tust du regelmäßig für dein Innenleben, für inneren Frieden, Zufriedenheit und Freude in deinem Leben?

4 Was ist es genau, was du an deinem Partner liebst, magst oder besonders wertschätzt?

5 Wann hast du deinem Partner zum letzten Mal gesagt, was du an ihm wertschätzt und liebst?

6 Wann hast du ihm zum letzten Mal für alles gedankt, was du von ihm erhalten hast beziehungsweise erhältst in eurer Partnerschaft?

7 Kannst du deinem Partner ganz seine Verantwortung für seinen Weg, sein Leben und seine Entscheidungen überlassen? Oder mischst du dich gern in seine Angelegenheiten ein?

8 Hast du schon Ähnlichkeiten entdeckt zwischen dem Verhalten deines Partners und dem deines Vaters beziehungsweise deiner Mutter in deiner Kindheit? Wenn ja, welche sind das genau?

9 Was an deinem Partner (oder an deinen Ex-Partnern) stört oder nervt dich sehr?

10 Welche Kritik deines Partners trifft dich am meisten? Könnte es möglich sein, dass du dieselbe Kritik auch an dir hast?

11 Was tust du alles beziehungsweise unterlässt du alles in deinem Leben, damit dein Partner dich nicht kritisiert oder gar verlässt? Wo verbiegst du dich vielleicht und lebst nicht deine ganze Wahrheit?

12 Was genau tust du alles, um die Aufmerksamkeit, Liebe, Anerkennung und Bestätigung deines Partners zu erhalten?

13 Auf was glaubst du in einer Partnerschaft verzichten zu müssen? Welche Kompromisse glaubst du eingehen zu müssen? Was daran fällt dir besonders schwer oder fühlt sich für dich nicht wirklich stimmig an?

14 In welchen Situationen der letzten Jahre oder von heute fühltest oder fühlst du dich von deinem Partner nicht wirklich verstanden? Wo hast du dich von ihm verletzt, abgewiesen, enttäuscht oder verurteilt gefühlt? Womit bist du bis heute noch nicht wirklich im Frieden?

15 Welche unangenehmen Gefühle, wie Ärger, Wut, Ohnmacht, Scham, Schuld, Minderwertigkeit oder Angst, löst dein Partner ab und zu oder oft in dir aus? Und wer hat dieses Gefühl eventuell auch schon in der Kindheit in dir ausgelöst?

16 Was würdest du am liebsten an deinem Partner verändern, wenn du es könntest? Wo versuchst du es vielleicht sogar, und sei es nur in deinen Gedanken wie »Er/sie sollte …« oder »Er/sie sollte nicht …«.

17 Hast du öfter die Neigung, deinem Partner helfen, ihn gar retten oder therapieren zu wollen? Wenn ja, welchem Elternteil in deiner Kindheit oder welchem Geschwister gegenüber hattest du vielleicht ähnliche Gefühle und Neigungen? Mit wem hast du damals eventuell mitgelitten?

18 Wenn dein Partner dir nicht treu ist oder mal nicht treu war, frage dich: »Bin ich mir selbst und meinem Herzen treu? Wo sage ich vielleicht Ja, während mein Herz Nein sagt?«

19 Kannst du gut mit dir allein sein? Oder fällt es dir schwer? Wenn es dir nicht leichtfällt und du das Alleinsein noch nicht genießen kannst, welche Gefühle kommen dabei in dir hoch?

20 Hast du das Gefühl, dass du dich in den letzten Jahren weiterentwickelt und verändert hast? Was tust du konkret für dein inneres Wachstum und deine persönliche innere Entwicklung?

21 Bist du mit deinen Ex-Partnern im Frieden, oder liegst du mit ihm oder ihnen innerlich noch im Krieg? Kannst du ihren Beitrag zu euren gemeinsamen Erfahrungen schon dankend würdigen?

22 Vermisst du etwas in deiner Partnerschaft? Wenn ja, wonach sehnst du dich? Was, glaubst du, fehlt dir?

23 Was und wie viel hast du deinem Partner in den letzten Jahren davon erzählt, was du über ihn und eure Beziehung gefühlt oder gedacht hast? Wie offen oder verschlossen warst oder bist du ihm gegenüber? Was hast du dich bisher nicht getraut, ihm zu sagen? Und was würdest du ihm heute vielleicht gern sagen?

24 Wenn dein Partner dich fragen würde, ob du heute noch mal eine Beziehung zu ihm eingehen würdest, was wäre deine ehrliche Antwort?

IV

WAS DIE LIEBE FRISCH HÄLT

Erfahrungen von glücklichen Paaren

Auch wenn es manch einer kaum glauben mag: Es gibt sie noch, Paare, die über viele Jahre zusammen sind und sich nicht nur ertragen oder vertragen, sondern nach wie vor eine tiefe Liebe zueinander empfinden und eine glückliche Beziehung genießen. Und die schon durch Höhen und Tiefen gegangen sind. Ich habe eine Reihe solcher Paare (oder einen der beiden Partner) gefragt, was ihrer Erfahrung nach wohl die wichtigsten Dinge sind, auf die wir achten dürfen, damit die Liebe frisch bleibt und sich immer wieder erneuert.

Die Paare haben sich durch die Bank für meine Einladung, ihre Erfahrungen mit Liebe und Partnerschaft hier im Buch mit anderen zu teilen, bedankt. Sie nahmen sie als willkommene Gelegenheit, sich bewusst zusammenzusetzen, ihre gemeinsame Geschichte Revue passieren zu lassen und sich ehrlich über ihre Liebe und Beziehung auszutauschen. Die meisten Namen sind verändert – außer die, bei denen ein Paar wünschte, die echten Vornamen zu nennen.

Ihre Aussagen sind nicht als »Rezepte« gedacht, sondern als Anregungen oder Inspirationen für neugierige Paare, die bereit sind, sich innerlich weiterzubewegen und sich immer mehr auf das wahrhaftige, bedingungslose Lieben zuzubewegen. Was für das eine Paar gut ist, muss es nicht für das andere sein. Dennoch gab es in einigen Punkten auffällige Überschneidungen oder Gemeinsamkeiten zwischen diesen zwölf Paaren hier.

Als grobe Orientierung und Anregung gab ich ihnen die folgenden neun Fragen mit auf den Weg:

1. Was verbindet euch innerlich?

2. Was, glaubst du, liebst du an deinem Partner, deiner Partnerin? Was an ihr oder ihm liebst du besonders?

3. Wann und wobei begegnet ihr euch wirklich im Leben? Nehmt ihr euch bewusst Zeit, um gemeinsam zu *sein*?

4. Wie und wodurch drückt ihr eure Gefühle, besonders eure Liebe zueinander aus? Woher weiß dein Partner, dass du ihn liebst? Wodurch weißt du, dass du von ihr oder ihm geliebt wirst?

5. Was macht ihr besonders gern zusammen, ob in der Woche, am Wochenende oder im Urlaub?

6. Was macht ihr gern ohne den Partner? Wie wichtig ist es dir/euch, auch mal allein zu sein oder etwas allein zu machen?

7. Hat jeder von euch Freunde, mit denen der andere keinen Kontakt hat? Hat also jeder eigene Freunde?

8. Wenn ihr schon mal eine Krise hattet, wie seid ihr da hindurchgegangen? Wie habt ihr sie überwunden? Was könnt ihr anderen Paaren empfehlen, wenn diese in eine Krise geraten?

9. Was würdet ihr Menschen aus eurer Erfahrung heraus gern mit auf den Weg geben, wenn sie ihre Partnerschaft erfüllend und glücklich gestalten wollen?

Und hier kommen ihre Antworten ...

Sonja und Thomas

MEIN MANN LÄSST MICH KOMPLETT FREI

seit **20 Jahren** ein Paar

Sonja schreibt:
In der Woche macht jeder morgens sein Ding. Ich gehe in den Wald, und mein Schatz frühstückt gemütlich mit Zeitung, bevor er in die Firma fährt. Am Wochenende schlafen wir ohne Wecker aus, kuscheln meist ausgiebig und gehen dann gemeinsam auf eine lange Waldrunde. Wir nennen es unsere »Cappuccino-Runde«, da es mitten im Wald einen Kiosk gibt, an dem wir gemütlich eine Pause machen.

Oft gehen wir in der Stille, oder wir hören einen Podcast. Danach ist es meist schon 12 oder 13 Uhr, und wir frühstücken dann oft zwei Stunden lang und tauschen uns über den Podcast und unsere eigenen Erfahrungen dazu aus. So entdecken wir auch nach zwanzig Jahren immer noch neue Dinge über den anderen. Ich liebe diese ausgiebigen Frühstücke!

Einmal in der Woche kocht der eine für den anderen. Immer eine Überraschung, und der jeweilige Koch macht alles: Einkauf, Tischdeko, Abwasch ... Ein wundervolles Ritual dank Corona, denn früher waren wir sehr oft essen.

Wir lesen uns immer mal wieder abends im Bett vor. Mein Schatz liest oft Dinge, die mir sehr kompliziert erscheinen, aber wenn er mir gezielt Sachen vorliest und wir darüber diskutieren, ist es total schön.

Mein Liebster ist extrem großzügig, und wir überraschen uns gern mit kleinen Geschenken. Was uns aber beide viel mehr im Herzen berührt, ist, wenn der andere etwas macht, was er eigentlich nicht tun muss oder auch nicht so megagern macht. Zum Beispiel schreibt mein Liebster meine Rechnungen, da ich nicht gern am Computer sitze, und ich halte ihn meist komplett aus der Hausarbeit raus.

Abends, in der Woche, wenn wir beide Feierabend haben, machen wir auch oft das Ritual, dass einer von seinem Tag erzählt, den Highlights und auch den Sachen, die blöd waren, über Gefühle, Begegnungen etc. Der andere hört nur zu und berichtet dann im Anschluss.

Letztes Jahr im Sommer haben wir uns einen Whirlpool für den Garten gekauft. Natürlich beheizbar, und dort haben wir seeehr viele schöne Momente verbracht. Oft mit einem schönen Vino am Abend. Da freue ich mich schon jetzt, wenn wir den bald wieder aufbauen.

Ich finde unsere Beziehung megaschön, und wir haben viel Körperkontakt. Nach kleinen Trennungen feiern wir auch immer. Zum Beispiel ist mein Liebster bei meinen »Transformationswochen« oft am Freitag ins Hotel gekommen, und wir sind bis Sonntag geblieben.

Und er liebt seine Harley-Reisen, wo ich mich dann auf seine Rückkehr freue.

Ich denke, dass wir einander sehr guttun, und tatsächlich feiern wir auch immer wieder, dass wir uns gefunden haben. Wir loben uns viel und sind immer sehr wertschätzend und dankbar miteinander.

Natürlich gehen wir uns auch manchmal auf den Keks oder finden uns blöd. Tatsächlich hält es aber nie lange an, und dann lachen wir wieder miteinander.

Mein Mann lässt mich komplett frei, aber dadurch habe ich immer wieder dieses klare Ja. Ich muss gestehen, dass ich früher recht eifersüchtig war. Mein Vater hatte immer Affären, was mein Männerbild natürlich geprägt hatte. Dank der TT (Transformationstherapie) bin ich das heute nicht mehr.

Heike und Jochen

WIR LASSEN UNS BEIDE »SEIN«

seit **32 Jahren** ein Paar

Heike schreibt:
Wir sind jetzt beide fünfundsechzig geworden und haben all unsere Unternehmen verkauft und sind »plötzlich« in Rente. Wir genießen es, in den Tag zu leben und spontan zu entscheiden, was wir jetzt machen möchten. Wir legen großen Wert darauf, dass jeder das tut, was ihm Spaß macht. Dabei haben wir das große Glück, dass es bei uns viele wunderbare Überschneidungen gibt.

Warum funktioniert es bei uns so gut? Wir lassen uns beide s e i n. Das heißt, wir versuchen nicht, uns gegenseitig zu verändern. Keiner von uns ist für das Wohlbefinden des anderen zuständig. Das gibt viel Raum für das Zusammensein-Wollen.

Wichtig ist es, einen Weg zu finden, die Dinge, die nicht immer den eigenen Vorstellungen entsprechen, so anzunehmen, wie sie sind, und sie nicht zu verurteilen. Was meinen wir damit? Eben immer zu überlegen, ob es wirklich wichtig ist. (Die offene Zahnpastatube kann ich auch zumachen, ohne das Gespräch darüber zu suchen.) Und wenn mich etwas aufregt, hinterfrage ich zunächst, was das jetzt mit mir zu tun hat.

Einer der wichtigsten Punkte für uns ist das Gespräch. Wir sagen immer: »Dem Sprechenden kann geholfen werden.« Nur wenn ich meine Wünsche formuliere, hat der Partner eine Chance zu überlegen, ob er diesen Weg mitgehen kann.

Ein großer, oft verschwiegener Punkt, ist die Sexualität. Es wird viel zu selten darüber gesprochen, dass sich die Sexualität im Laufe der Jahre verändert. Diese Veränderung ist ein großes Geschenk, denn man kann sich immer wieder neu entdecken und damit, auch wenn man älter wird und/oder schon lange Jahre zusammen ist, noch spannenden Sex haben. Dazu gehört, ganz wichtig, das vertrauensvolle Gespräch.

Wir haben uns für unseren nächsten und vermutlich letzten Lebensabschnitt so viele wunderschöne Dinge vorgenommen, dass wir uns nur riesig darauf freuen.

Conny und Jürgen

DIE GROSSE QUALITÄT UNSERER BEZIEHUNG IST, DASS WIR UNS IMMER WIEDER NEU ERFINDEN

seit **16 Jahren** ein Paar

Conny schreibt:
Wir sind jetzt seit fast sechzehn Jahren ein Paar. Die ersten zwei, drei Jahre waren sehr anspruchsvoll. Ich saß die ganze Zeit im Gefühlschaos fest, es ging nicht mit- und nicht ohneeinander. Dann habe ich ja zum Glück Roberts Arbeit kennengelernt und durfte erkennen, was das alles mit mir zu tun hat. Dadurch hat sich die Beziehung um 180 Grad gedreht.

In den ersten Jahren haben wir uns bewusst entschieden, nicht zusammenzuziehen, um unsere Söhne (damals elf und vierzehn) nicht zusammenzutun. Ich wusste aus meiner früheren Beziehung, wie viel Reibungspotenzial das hat. So konnten wir, als die Kinder älter waren, oft für uns allein sein und hatten kinderfreien Raum, wenn zum Beispiel Jürgens Sohn mit seiner Band zu Hause geprobt hat oder mein Sohn die Freundin zu Besuch hatte.

Außerdem hatten wir, wenn wir zusammen waren, »Quality Time« und mussten uns nicht über den Alltag, wie Wäsche und Einkaufen, abstimmen. Das Tolle daran war, dass derjenige, der zum anderen kam, wie ein Gast behandelt wurde. Er brauchte sich nur an den gedeckten Tisch zu setzen und durfte sich verwöhnen lassen.

So gab und gibt es immer sehr viel Wertschätzung in unserer Beziehung. Das hat so toll funktioniert und unsere Liebe so frisch gehalten, dass wir es noch ein paar Jahre beibehalten haben, als die Jungs schon ausgezogen waren.

Ich war früher beruflich sehr viel unterwegs, aber, anders als am Anfang, konnten wir jetzt sehr gut miteinander und auch mal ohneeinander. Wenn wir längere Zeit getrennt sind, sind wir entspannt damit, nur alle paar Tage zu telefonieren oder eine kleine Nachricht zu schicken. Und im Urlaub können wir rund um die Uhr zusammen sein, und auch das ist sehr harmonisch und liebevoll.

Vor drei Jahren haben wir dann beschlossen, einen neuen Weg zu wagen. Wir haben das Haus ausgebaut und wohnen jetzt nicht nur zusammen, sondern arbeiten auch unter einem Dach. Und tatsächlich ist die Beziehung noch schöner als vorher.

Es funktioniert deshalb so wunderbar, weil wir uns viele Freiräume lassen, die wir beide brauchen. So war es uns ganz wichtig, zwei Schlafzimmer zu haben. Wir lieben es, zusammen zu übernachten, aber genauso jeder für sich. Und keiner nimmt es persönlich, wenn der andere Zeit für sich haben möchte.

Und genauso achtsam gehen wir im Alltag miteinander um.

Da wir den Luxus haben, meistens ohne Wecker aufzuwachen, können wir morgens erst mal unsere Zweisamkeit genießen. Unser Tag startet meist damit, dass mir mein Mann einen Tee ans Bett bringt.

Ich habe am Vormittag gern Zeit für mich zum Schreiben und Meditieren und lasse das Frühstück ausfallen, während mein Mann gerne frühstückt und dann in seinem Büro ist. Ich denke, was unsere Beziehung so liebevoll macht, ist, dass wir immer darauf schauen, dass es dem anderen gut geht.

Mein Mann springt oft ein, wenn er weiß, dass ich mit etwas Mühe habe, auch ohne dass ich ihn darum bitte. Zum Beispiel hat er die Wohnungssuche für meinen Sohn übernommen. Ich bemühe mich, das Gleiche für ihn zu tun.

Unsere Beziehung funktioniert auch deshalb so gut, weil wir beide sehr viele eigene Interessen und Dinge haben, die uns begeistern. So haben wir uns dann auch immer wieder viel zu erzählen und können uns mit dem anderen freuen.

Im letzten Jahr haben wir nach vierzehn Jahren Beziehung geheiratet, sehr innig und ganz für uns. Und wir haben beide den Anspruch, dass es noch schöner werden darf und der Freude nach oben keine Grenze gesetzt ist.

Laura und Thomas

HALTET EUREN BEZIEHUNGSRAUM SAUBER!

seit **8 Jahren** ein Paar

Laura schreibt:
Uns verbindet eine große Dankbarkeit dafür, das Leben miteinander teilen zu können, und eine tiefe Wertschätzung füreinander. Wir empfinden es als Geschenk, dass wir sehr ähnliche Werte, Interessen, Bedürfnisse und Lebensanschauungen haben, weil es eine Beziehung gefühlt leichter macht.

Am allermeisten liebe und schätze ich es, dass ich mich von meinem Schatz wirklich bedingungslos geliebt fühle, genau so, wie ich bin. Bei keinem Menschen kann ich so entspannt einfach ich sein wie bei ihm.

Wir schreiben uns immer mal wieder gegenseitig einen Liebesbrief. Besonders, wenn einer von uns ein paar Tage verreist, hinterlässt er dem anderen oft ein paar Liebeszeilen oder wird mit freudigen Zeilen wieder zu Hause empfangen.

Wir sagen einander immer wieder, was wir am anderen schätzen. Besonders, wenn es mal eine Phase gibt, wo einer von uns eher eine kritische Brille aufhat, ist es wertvoll, sich wieder darauf zu besinnen, was wir am anderen mögen und lieben.

Mein Partner sagt mir auch häufig, dass er mich liebt. Ich bin da nicht ganz so großzügig mit den drei Worten. Manchmal frage ich ihn, was das genau in diesem Moment für ihn bedeutet. Oft sagen wir »Ich liebe dich« und meinen damit ganz unterschiedliche Dinge. Mal steckt dahinter eine tiefe Dankbarkeit für den anderen, mal ein Angerührtsein, mal eine große Freude. Manchmal berührt es noch tiefer, wenn wir dem Partner mitteilen, was genau wir gerade empfinden, wie zum Beispiel »Ich bin gerade so fasziniert von deiner Ausstrahlung und Schönheit« oder »Ich fühle mich gerade so innig verbunden mit dir« oder »Ich fühle gerade so eine Wärme und Zärtlichkeit für dich in mir«.

Unsere Liebe drücken wir auch durch kleine Gesten im Alltag aus, indem einer etwas für den anderen macht. Zum Beispiel indem mein Mann mein Fahrrad für mich repariert oder ich ihm frische Blumen in sein Zimmer stelle.

Was wir besonders gerne zusammen machen? In der Natur sein, spazieren, wandern, Fahrrad fahren. Wir genießen es dabei, immer wieder anzuhalten, zu schauen, die Natur um uns herum wirklich wahrzunehmen und uns dabei treiben zu lassen. Zwischendrin in eine Gumpe oder ein Flüsschen zu springen, auf der Erde zu liegen, die Aussicht von einem Berggipfel zu bestaunen oder ein paar Kräuter zu sammeln. Wenn wir eine ausgeschriebene Wandertour machen, planen wir in der Regel doppelt so viel Zeit ein wie angegeben. 😊

Sobald die Sonne scheint oder es etwas wärmer ist, genießen wir es, kleinere oder größere Pausen in der Hängematte auf unserer Terrasse zu machen und hier gemeinsam im wahrsten Sinn des Wortes abzuhängen. Schon ein Viertelstündchen nach dem Mittagessen wirkt sehr erholsam und erfrischend.

Wir lieben es, immer mal wieder gemeinsam ein Buch zu lesen und uns abwechselnd daraus vorzulesen. Seien es Bücher, die unsere inneren Kinder besonders lieben, wie zum Beispiel *Die Brüder Löwenherz* von Astrid Lindgren, oder »Erwachsenenlektüre«.

Vor dem Einschlafen nehmen wir uns fast immer Zeit, noch etwas miteinander zu kuscheln und den Tag Revue passieren zu lassen, indem wir zum Beispiel einander fragen: »Was war das Schönste für dich heute?« Schlafen tun wir in getrennten Zimmern, weil wir schon ziemlich am Anfang unserer Beziehung festgestellt haben, dass wir dann einfach ruhiger schlafen und uns der Abstand in der Nacht guttut. Wir haben ein gemeinsames Schlafzimmer, und jeder hat noch ein eigenes Zimmer für sich. Ganz nach Gefühl wechseln wir immer mal die Betten, sodass jeder mal in seinem Zimmer und mal im Schlafzimmer schläft. So gibt's auch hier Abwechslung. 🙂

Was macht ihr gern ohne den Partner?

Für mich ist »Frauenzeit« sehr wichtig, wo ich nur mit Frauen zusammen bin. Ich spüre inzwischen ziemlich genau, wann ich weibliche Energie und wann ich männliche Energie brauche. Und wenn ich gerade weibliche Energie brauche, dann kann mein Partner auch mit der liebevollsten Massage dieses Bedürfnis nicht stillen. Deswegen bin ich regelmäßig in Frauenkreisen oder treffe mich allein mit Freundinnen.

Mir ist es sehr wichtig, zwischendrin auch immer mal etwas allein zu machen. Ich finde es wichtig zu spüren – wer bin ich ohne meinen Partner?

Ich habe auch immer wieder beobachtet, wenn es flau wird in der Beziehung, dann liegt es meistens daran, dass wir sehr viel Zeit gemeinsam verbracht haben und es an der Zeit ist, mal wieder eine gewisse Zeit getrennt zu verbringen.

Ein gesunder Abstand hin und wieder belebt die Beziehung ungemein. Wenn einer von uns mal eine Woche allein unterwegs ist, sieht man sich wieder mit ganz anderen Augen und weiß den anderen wieder viel mehr zu schätzen.

Auch unsere Sexualität wird dadurch jedes Mal belebt. Durch den Abstand kann sich die Anziehung wieder ganz anders aufbauen, als wenn man den ganzen Tag im gemeinsamen Energiefeld verbringt. Und es beugt dem vor, dass man anfängt, den anderen für selbstverständlich zu nehmen.

Unser wichtigstes »Beziehungstool«, für das ich unglaublich dankbar bin, ist eine Form der strukturierten Kommunikation, die sich Dyade nennt. Eine Dyade dauert üblicherweise vierzig Minuten, wobei alle fünf Minuten die Rollen von Sprecher und Zuhörer getauscht werden. Wer spricht, hat die ungeteilte Aufmerksamkeit seines Partners und wird nicht unterbrochen. Unterstützen tun wir den Prozess meist mit der Frage »Sag mir etwas, von dem du denkst, dass du es mir jetzt sagen solltest«. Das schafft einen Raum, in dem wir auch unangenehme Dinge ansprechen können, oder Dinge, die wir, aus welchem Grund auch immer, bislang vor dem anderen zurückgehalten haben, obwohl wir spüren, dass es wichtig wäre, sie auszusprechen. Ebenso ist es ein Raum, der uns hilft, wieder zusammenkommen, wenn es mal einen Knall gab. Wo wir uns austauschen können, was eigentlich jeden gerade bewegt und ausmacht. Durch das Sich-mitteilen-Können und Den-anderen-Sehen und -Verstehen entsteht wieder Verbindung, Wohlwollen und eine grundlegende Bereitschaft, gemeinsame Lösungen zu finden.

Ich glaube, wir hatten in unseren acht Jahren Beziehung erst eine wirkliche Krise, als ich mich kurz zu einem anderen Mann hingezogen fühlte. Was ich meinem Mann sehr hoch anrechne, ist, dass er mir damals nicht einen einzigen Vorwurf gemacht hat, sondern nur von seinen Gefühlen geredet hat und wie sehr es ihm wehtut. Das ist mir so nah gegangen, dass für mich klar war:

Unsere Beziehung ist mir so wichtig, dass ich sie nicht durch einen anderen Mann gefährden möchte. Auch hier hat uns am allermeisten der ehrliche offene Austausch darüber geholfen, wie es jedem von uns geht.

Was würdet ihr Menschen aus eurer Erfahrung heraus gern mit auf den Weg geben, wenn sie ihre Partnerschaft erfüllend und glücklich gestalten wollen?

Nimm nichts für selbstverständlich! Es ist nicht selbstverständlich, wenn dein Partner immer kocht oder immer den Müll rausbringt oder sonst etwas regelmäßig in die Partnerschaft/Familie einbringt. Wir alle haben ein Bedürfnis, mit dem gesehen zu werden, was wir einbringen. Das höre ich immer wieder von Frauen und Männern: »Es muss sich gar nichts ändern, ich möchte nur gesehen werden mit dem, was ich alles für die Partnerschaft/Familie tue.« Dem anderen die Wertschätzung und ein »Danke« auch für die kleinen alltäglichen Dinge zu schenken ist unglaublich wertvoll.

Die Basis für eine erfüllende und innige Beziehung ist für uns die Kommunikation. Je mehr du deinem Partner von dem preisgibst, was dich wirklich beschäftigt im Innern – was du denkst, was du fühlst, was du dir wünschst etc. –, umso tiefer wird eure Verbindung. Übt euch darin, immer weniger vor dem anderen zurückzuhalten, auch wenn der Gedanke da ist »Na, ob ich ihm/ihr das sagen kann …?«. Es ist natürlich wichtig, dabei zu schauen, dass der Rahmen passt und dass der andere gerade auch bereit ist hinzuhören.

Haltet euren »Beziehungsraum« sauber! Das ist etwas, was wir (auch das muss ich meinem Mann hoch anrechnen) von Anfang an gemacht haben. Wir haben nichts zwischen uns stehen gelassen, wenn wir gespürt haben, irgendwas ist hier nicht rund. Irgendwie fließt die Energie zwischen uns nicht frei – sei es, weil einer sich verletzt oder nicht verstanden fühlt, sei es, weil etwas unausgesprochen in der Luft hängt, oder warum auch immer. Hakt es nicht ab unter »Na, geht schon wieder«, so lange, bis es sich wirklich geklärt anfühlt für beide Seiten. Seid da ehrlich und bleibt dran! Manches braucht auch Zeit und lässt sich nicht in einem Gespräch klären.

Ich glaube, es sind oft genau diese kleinen, nur halb geklärten Dinge, die sich unter dem Teppich ansammeln und dann irgendwann dafür sorgen, dass sich die Beziehung muffig oder explosiv anfühlt. Dann steht man an einem Punkt, wo man nicht mehr offen miteinander reden kann, weil sich so viel in dem Raum zwischen den Partnern angesammelt hat.

Jakob und Paula

DIE LIEBE IST DAS KIND DER FREIHEIT!

seit **40 Jahren** ein Paar

Jakob schreibt:
Wir waren bedürftige Kinder, als wir uns begegneten. In doppeltem Sinn, denn Paula war gerade dreiundzwanzig Jahre alt, nach drei Jahren Ehe getrennt lebend und Mutter eines dreijährigen Sohnes. Ich war neunzehn, Abiturient und gerade von meiner ersten großen Liebe getrennt.

Neben unserer Verliebtheit verband uns von Anfang an ein tiefes Vertrauen, das Gefühl, sich auf den anderen verlassen zu können, nicht betrogen oder enttäuscht zu werden.

Bis heute ziehen wir uns körperlich an, knuddeln, knutschen und kuscheln viel, auch wenn die frühere erotische Anziehung und körperliche Vereinigung nachgelassen hat. Eine Entwicklung, die wir gemeinsam beobachten und über die wir uns offen austauschen. Wie geht es dir damit, was brauchst du, und was wünsche ich mir?

Was uns verbindet, ist eine gemeinsame Sicht auf die Welt. Paula ist von klein auf eine Suchende, die den Lebenssinn nicht in der materiellen Welt sieht. Lange Zeit fühlte sie sich hier fremd und hat, lange vor mir, viel unternommen, um sich und die Welt zu erfahren. Damit hat sie auch mir und unserer Beziehung sehr geholfen. Andererseits habe ich ihr vielleicht Halt gegeben, um sich in der Welt zu entfalten und Vertrauen zu fassen. Das Schöne daran, wenn man diese Welt nicht als das Wichtigste und Letzte betrachtet, ist, dass sie dann oft sehr komisch ist.

Kurzer Einschub: Während ich das gerade schreibe, liegt Paula im Wohnzimmer und beginnt ein bisschen zu weinen, vor Liebe, vor Glück, über unser Glück. Für uns ist es eine Gnade, dass wir, trotz der bedürftigen Kinder, die wir waren, diese Beziehung so lebendig halten und auch die Tiefen meistern konnten.

Dafür gibt es sicher kein Rezept. Manchmal, wenn wir uns – was wir abends oft machen – einander gegenüber in unsere »Badewanne« setzen (eine kleine Couch im Wohnzimmer), passiert äußerlich gar nichts. Wir blicken uns einfach an und genießen es, in den anderen hineinzuschauen und seine Liebe zu spüren. Diese tiefe Verbindung ist der Grund, warum wir zusammen sind. Oder wir unterhalten uns, wir haben meist viel, was wir uns erzählen wollen und gemeinsam reflektieren. Die »Badewanne« ist kein »Ritual«, zu dem wir uns verabreden. Es ergibt sich, oder auch nicht.

In unseren Eheringen steht: »L'amour est l'enfant de la liberté«, »Die Liebe ist das Kind der Freiheit«. Dieses französische Sprichwort hat uns sehr entsprochen. Und in den vierzig Jahren haben wir gelernt, diesen wunderschönen Grundsatz für uns zu deuten und zu lernen, ihn in der Praxis anzuwenden. Es bedeutet nicht, dass jeder tun und lassen soll, was er will, ohne Rücksicht auf den anderen. Es ist vielmehr das Gegenbild zu dem Modell »Wir hängen unser Sicherheitsschloss an die Brücke und ketten uns aneinander, bis wir verrostet sind«.

Unsere Beziehung hat sich über die Jahre immer wieder verändert, so wie wir uns verändern und entwickeln. Jeder respektiert die vollkommene Freiheit des anderen und weiß gleichzeitig, dass der Partner nicht leichtfertig damit umgehen wird. Sollte die Liebe bei einem oder beiden erlöschen, würden wir uns sicher in größtem Respekt und Dankbarkeit trennen.

Als wir zehn Jahre zusammen waren und gerade geheiratet hatten, hatten wir schon die Gelegenheit, das zu erproben. Ich hatte das Gefühl, einmal ausbrechen zu müssen, um sexuelle Erfahrungen zu machen. Bevor es dazu kam, haben wir darüber gesprochen, und Paula war so großzügig und stark, mir dies zu erlauben. Als sie nach ungefähr drei Monaten – sichtlich erschöpft – diesen Zustand des »wilden Seemanns«, der ich einmal sein wollte, nicht mehr ertragen konnte, bat sie mich, eine Entscheidung zu treffen. Die fiel mir leicht: Ich hatte »Erfahrungen gesammelt« und erkannt, dass ich diese gar nicht brauchte. Und die ganze Zeit über war meine starke Liebe zu ihr da gewesen. Unser tiefes Band war noch stärker als vorher. Was für ein Glück, so eine Frau zu haben!

Ich liebe an Paula ihre Tiefe und Stärke, die spirituelle Sucherin, ihre Wahrhaftigkeit und Treue, ihre Feinfühligkeit, ihre Kreativität, ihren Humor, ihre Fürsorge für alle Menschen, die sie liebt. Ich liebe, wie sie ihre Mutterrolle ausgefüllt hat. Ich liebe ihre Energie und Vielseitigkeit.

Sie liebt an mir: »Ich finde, dass Jakob ein sehr attraktiver Mann ist, der eine für mich wunderbare Ausstrahlung und Präsenz hat. Sein Wesen ist warm, vertrauenswürdig, ehrlich, offen. Er hat diese Mischung aus attraktiver Männlichkeit verbunden mit Herzenswärme, Weichheit, Humor und Verantwortungsbewusstsein. Ich liebe seine blauen, warmen Augen und tauche so gern darin ein. Er ist sehr kreativ, interessiert, musikalisch talentiert und sehr kontaktfreudig. Er ist mir ein wichtiger Gesprächspartner.«

Auch wenn wir vieles sehr gern zusammen machen, wie kochen, spazieren gehen, reden, Filme schauen, Pilates, Wohnung aufräumen, einkaufen, singen, Freunde treffen, reisen etc., hat jeder seine ganz eigenen Freiräume, die nur für ihn da sind. Ich übe Gitarre, putze und bastle am Motorrad oder Oldtimer, gehe zum Mountainbiken oder Rollerbladen, treffe mich mit Freunden und gleichgesinnten Kumpels, während sie sich mit Freunden oder Freundinnen austauscht oder andere schöne Dinge macht. Aber sie liebt es auch, nur mit sich allein zu sein.

Für mich sind wir wie zwei Erdschollen, die auf Magma driften, wir drehen uns beständig und begegnen uns mit neuen Küsten und Landschaften, die wir aneinander erkunden. Mal sind wir näher zusammen, mal weiter entfernt. Je älter wir werden, umso intensiver empfinde ich dieses gegenseitige »Erkunden«.

Wir akzeptieren uns so, wie wir sind. Paula geht Dinge intuitiv an, sie entscheidet nicht in erster Linie aus dem Verstand. Früher versuchte ich oft, mich mit meinen »Vernunftargumenten« durchzusetzen. Heute nicht mehr, denn ich sehe, wie erfolgreich ihre »Methode« ist. Oder ein ganz banales Beispiel, das wahrscheinlich viele Paare kennen: Sie lässt gern mal ein paar Sachen herumliegen, verlegt Schlüssel oder richtet ein mittleres Chaos in der Küche an. Während das früher oft zu Auseinandersetzungen geführt hat, erfüllt es mich heute oft mit einem Liebesschauer und Glücksgefühl, in unseren gemeinsamen Wohnbereichen Ordnung zu schaffen. Ich erwarte es nicht von ihr, es ist ja mein Bedürfnis, und sie lässt nichts aus böser Absicht liegen.

Was für uns eine gute Beziehung ausmacht: die Besonderheiten des anderen wertschätzen, nicht ziehen wollen, immer Respekt zeigen, aufrichtig und ehrlich sein, Probleme und Konflikte aussprechen, sich selbst lieben und weiterentwickeln, das eigene göttliche Selbst im anderen erkennen, immer wieder in Kontakt gehen mit dem eigenen inneren Kind und dies lebendig halten, Freiheit leben und geben, nichts festhalten, sondern fließen lassen.

Karl und Jwala

»JE MEHR ICH GANZ ICH BIN, DESTO MEHR BIN ICH WIR«

seit **32 Jahren** ein Paar

Karl schreibt:
Unser Herz wusste, wir wollen zusammenbleiben bis ans Ende der Allee. Und beiden war klar: Beziehung bedeutet auch »Beziehungsarbeit«. Wobei diese Arbeit wunderschön ist. Zart. Fein. Einander zugewandt. Offen und ungeschminkt. Liebevoll.

Wir beide glauben nicht an ein allgemeingültiges Rezept für eine gelingende Partnerschaft. Woran wir glauben, ist, die eigene Tiefe auszuloten, bereit zu sein, in den Fluss des Lebens zu springen und zu steuern, indem wir mitfließen. Mit dem Leben, mit seinen Herausforderungen und seinen Geschenken.

Das bedeutet, in sich einen Raum zu schaffen und zu kultivieren für das Paradoxe. Für die Dialektik des Lebens, für das Mäandern der Gegensätze. Denn auch Mann und Frau sind einander Gegensätze. Sind Pole. Pole, die sich enorm anziehen, ergänzen, erweitern und bereichern können. Doch auch Pole, die sich abstoßen, sogar vernichten können.

Unsere Freude war und ist von Anfang an, dieses Paradoxon anzuerkennen und tanzend miteinander zu meistern. Dazu Jwala: »Wenn zwei tanzen, wer tanzt dann mehr?« Mit den Jahren wurde unser Blick auf unseren gemeinsamen Lebenstanz natürlich reifer.

Jwala und ich lieben es, unsere Beziehung wie ein praktisches Laboratorium zu betrachten, das sowohl vom Leben wie von uns beiden gestaltet wird. Ein Laboratorium des Lernens, des Liebens, des Reifens und auch der Irrtümer, der Konflikte und deren Korrektur.

So gesehen ist unsere Beziehung auch ein Laboratorium gelebter Liebe. In dem wir das Miteinander im Alltag ausprobieren, was uns Freude macht, und in dem wir das gemeinsam meistern, was uns das Leben an Aufgaben serviert.

Unser wichtigster Schlüssel: Kommunikation. Worte sind wirkmächtige Kräfte. »Am Anfang war das Wort.« Und da wir beide Autoren sind, wissen wir um die Kraft der Worte, insbesondere dann, wenn sie mit der Energie unserer Gefühle aufgeladen sind. Wir nutzen dieses Wissen, um unsere Ehe frisch, unsere Liebe lebendig und unser Miteinander wahrhaftig zu halten. Wir achten darauf, nicht in einem amorphen Einheitsbrei zu landen; oder in eine unbewusste Harmoniefalle zu tappen.

Jwala hat das wundervoll und weise formuliert: »Je mehr ich ganz ICH bin, desto mehr bin ich WIR.« Daher stärken wir einander in unserer Individualität und im jeweiligen Ausdruck. Damit jeder ganz »ich« sein kann – und damit bereit für das WIR.

Dem ICH wie dem WIR geben wir im Alltag Raum und Zeit für Entwicklung. Wie ein roter Faden zieht sich daher ein Kommunikationsritual durch unsere Partnerschaft, genannt Dyade. Bei diesem Ritual einigen wir uns im ersten Schritt auf eine gemeinsame Frage. Beispielsweise: »Sag mir, was dich im Moment bewegt.« Danach bekommt jeder eine vereinbarte Zeit, um ungestört zu sprechen. Ohne Unterbrechung! Bevorzugt fünf Minuten. Der andere hört wach zu. Danach wird gewechselt.

Wir lieben dieses wertvolle Ritual. Es hat unsere Beziehung tief eingefärbt. Die Dyade erlöst aus dem Hickhack gegenseitiger Argumente. Sie fördert die Kunst des Lauschens. Auch die Kunst, seine eigenen Gedanken zu ordnen und für sich klar zu bekommen, indem wir ausreden und aussprechen dürfen, ohne permanent unterbrochen zu werden.

Nach einer Dyade entwickelt sich wie von allein ein »schöpferischer Dialog«, bei dem es nicht ums Rechthaben geht, sondern darum, was aus gemeinsamer Sicht der weiseste nächste Schritt sein könnte. Die Dyade ist auch wesentlich für ein grundlegendes Versöhnt-Sein miteinander. Für einen Frieden, auf dem die Liebe wachsen kann.

Mehr als alles andere ist es die Liebe, die wir füreinander seit so vielen Jahren fühlen und leben dürfen, die uns nährt. Worte können hier nur Hinweise sein. Fingerzeige. Liebe ist das Feld, das uns hält, das uns trägt, das uns auch über die persönlichen Animositäten hinausführt.

Wie wohl jedes Paar sind auch wir durch die »Nacht der Seele« gegangen, fühlten uns vom anderen missverstanden und nicht gesehen. Wir haben gewählt, sowohl miteinander zu leben als auch miteinander zu arbeiten. Wir sind praktisch Tag und Nacht zusammen; wenngleich nicht im gleichen Zimmer, wohl jedoch im gleichen Haus. Wir würden das wohl nie und nimmer ohne eine gepflegte Beziehungskultur schaffen. Eine Kultur, die ziselierter und vielschichtiger ist, als es hier ausgedrückt werden kann.

Jwala bringt das wie so oft sehr gut auf den Punkt. Sie sagt: »Karl ist der Mann der vielen Worte, ich die Frau der wenigen.«

Ein Motto von uns heißt: **»Die Liebe immer tiefer lieben.«**

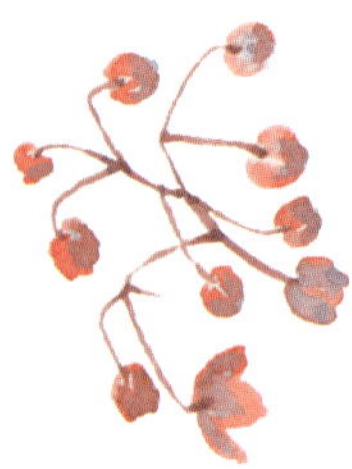

Melanie und Philipp

WIR FEIERN JÄHRLICH EINIGE LIEBESFESTE

seit **12 Jahren** ein Paar

Melanie schreibt:

Was uns in unserer Partnerschaft alles wichtig ist

Ehrlichkeit und Wahrheit: Wir sind ehrlich zueinander und sprechen die Wahrheit aus.

1. Wir wissen beide über unsere Vergangenheit und Vorgeschichte Bescheid, die wir in die Partnerschaft mitgebracht haben.

2. Wir sprechen ehrlich und rechtzeitig miteinander, wenn uns etwas auffällt oder stört.

3. Wir sprechen über Wünsche, Sehnsüchte und Träume, die noch in der Zukunft liegen.

Dankbarkeit und Wertschätzung

Ich habe schon immer Dankbarkeit gelebt, doch mit Philipp durfte ich noch mal eine viel tiefere Form der Dankbarkeit erleben. Philipp ist für mich die Dankbarkeit in Person – und zwar ohne, dass er irgendwelche Rituale praktiziert, er lebt es einfach. Das hat mich von Anfang an beeindruckt, und das schätze ich bis heute.

Dankbarkeit ist ein fester Bestandteil unseres Lebens. So sagen wir täglich für sämtliche Kleinigkeiten »Danke«.

Wir sind so dankbar für das Leben, das wir leben dürfen, an einem wunderschönen Fleckchen Erde, in einem wohligen Zuhause, mit unseren Berufen, die wir beide lieben und mit Freude ausüben dürfen, für das Miteinander, das wir als Familie und mit unserem Umfeld leben, sowie für alle Menschen, die uns begleiten.

Wir schätzen beide unsere Vergangenheit in Dankbarkeit – jeder seine eigene und die des anderen. Und wir schauen dankbar in die Zukunft und wissen, dass alles nur zu unserem Besten ist. Dieses Vertrauen in Dankbarkeit ist eine unglaublich starke Basis unserer Beziehung.

Humor

Wie sagt man so schön? Humor ist der beste Schwimmring des Lebens. Und so ist es auch bei uns. Wir leben einen wunderbaren gleichen Humor, lachen viel miteinander und können damit einiges viel leichter sehen.

Nähe und Distanz

Mein Partner ist unter der Woche oft geschäftlich unterwegs (mit Übernachtung) und nicht zu Hause. Das war schon immer so. Das hält unsere Liebe frisch. So hat jeder seinen Freiraum und zwei bis drei Abende für sich. Er genießt es, an den Abenden in Ruhe zu arbeiten oder mit seinen Jungs mal wieder einen zu trinken. Und ich genieße die Zeit ebenso für mich mit einem Mädelstreff oder -ratsch oder einem »typischen Frauenabend« mit Liebesfilm, Maske ins Gesicht, Nägel machen. Nach diesen Tagen freuen wir uns bis heute immer noch wie verrückt auf unser Wiedersehen. Manche Dinge, die einem am anderen manchmal stören, werden mit Distanz winzig klein. Dazu ist Vorfreude eine der schönsten Freuden. Wenn wir uns dann »wiederhaben«, genießen wir die gemeinsame Zeit wieder viel bewusster und intensiver.

Gemeinsam und jeder für sich

Wir haben viele Gemeinsamkeiten, zum Beispiel lieben wir es, Zeit in der Natur zu verbringen – sei es mit Laufen, Wandern oder Skifahren. Außerdem haben wir uns mit sportlichen Aktivitäten inspiriert, so durfte ich von ihm die Leidenschaft fürs Skitourengehen entdecken und er durch mich den Spaß am Inline-Skating.

Doch es gibt auch Aktivitäten, die jeder für sich gerne tut. Ich meditiere zum Beispiel gerne, damit kann er weniger anfangen, und das ist okay.

Ausgleich

Wir gleichen uns gegenseitig aus. Ich bin eher der Duracell-Hase, der oft mit jeder Menge PS durch die Bude düst. Er dagegen ist derjenige, der eine Sache nach der nächsten in seinem gemütlichen Tempo macht.

Wir lieben nicht nur einander. Jeder hat sich selbst auch lieb.

Ziemlich am Anfang unserer Beziehung stand Philipp morgens im Bad in meiner Wohnung in München. Er schaute sich im Spiegel an und sagte zu sich selbst: »Mei, bin i a fescher Bua.« Schnell habe ich gelernt, dass das genau die richtige Einstellung ist. So liebt jeder sich selbst, und wir lieben einander.

Neues ausprobieren

Wir lieben es, Neues auszuprobieren. Mein Partner noch mehr als ich. Mit seiner Neugierde und Abenteuerlust bringt er immer wieder frischen Wind in unsere Beziehung. Ich freu mich immer, wenn er mich mit einer neuen Laufroute oder einem neuen Ausflugsziel überrascht. Gerade in Zeiten wie diesen bringt das immer wieder Abwechslung in unseren Alltag.

Liebesfeste feiern

Wir sind inzwischen seit fast zwölf Jahren zusammen und feiern immer noch jedes Jahr unsere Liebesfeste:

- den Tag, an dem wir uns kennengelernt haben
- den Tag, an dem wir die erste Nacht miteinander verbracht haben
- den Tag, an dem wir zusammengekommen sind
- den Tag, an dem wir erfahren haben, dass wir Eltern werden

An diesen Tagen denken wir noch einmal ganz bewusst an diese Zeit zurück, schauen uns manchmal alte Bilder an und feiern unsere Liebe und unser Leben.

Kleine Rituale aus unserem Alltag

Durch deine herzliche Einladung zu einem Beitrag in deinem Buch, lieber Robert, ist uns erst wieder bewusst geworden, wie viele kleine liebevolle Rituale wir in unserem täglichen Leben haben:

- Wer als Erstes die Zähne putzt (morgens und abends), bereitet dem anderen dessen Zahnbürste vor und legt sie bereit.
- An Tagen, an denen wir alle unterwegs sind, bastelt manchmal der, der als Letztes aus dem Haus geht, für den anderen etwas aus unseren Hausschuhen. Mal ist es ein Herz, mal ein Turm, mal Hausschuhe im Löffelchen … Seit wir durch unseren Sohn noch ein Paar ganz kleine Hausschuhe haben, werden die Ideen noch kreativer.
- Kaffee ans Bett am Wochenende: Seit wir Eltern sind, schlafen wir am Wochenende nicht mehr so aus wie früher. Doch wir versuchen, die Bettzeit zu verlängern. Und so steht einer von uns auf, macht zwei Kaffee und einen Kaba für unseren Sohn und bringt diese ans Bett. So verbringen wir dann immer noch eine gute gemütliche Stunde am Morgen im Bett.

Es sind kleine Gesten, die uns immer wieder zeigen, wie sehr wir den anderen schätzen. Für uns eine weitere Art, »Ich liebe dich und ich sehe dich« zu sagen.

Wie das Elternsein unsere Beziehung verändert hat

Seit über zwei Jahren sind wir Eltern eines wunderbaren Sohnes. Inzwischen verstehen wir, warum sich viele Beziehungen hier auseinanderleben, weil die ersten Monate oft eine herausfordernde Zeit sind. Als Eltern ein Paar zu bleiben und sich selbst dabei nicht zu verlieren empfinden wir als eine der größten Herausforderungen. Unsere Empfehlungen:

- sich immer wieder kleine Zeiten für sich auch als Paar gönnen
- Kommunikation – miteinander reden
- sich gegenseitig wertschätzen und würdigen, was jeder an Wertvollem zum Familienleben beiträgt

Bei uns ist Philipp derjenige, der sich primär um die finanzielle Versorgung der Familie kümmert und trotzdem ganz bewusst Zeit mit unserem Sohn verbringt. Dafür schätze ich ihn sehr. Genauso schätzt er es, dass ich mich beruflich zurückgenommen habe, Philipp den Rücken für seine Arbeit freihalte und meine volle Aufmerksamkeit unserem Sohn schenke. Wichtig ist uns:

- Erkennen, was ein Kind einem selbst spiegelt, und auch als Paar darüber sprechen. So erfahren wir noch mehr Verständnis für unsere Kindheit mit unseren Prägungen und Erfahrungen.

* Selbst auch wieder mal Kind sein. Das Wunderbarste, was wir von unseren kleinen Lehrmeistern, den Kindern, wieder lernen und leben dürfen – auch in der Beziehung.

Rita und Siggi

»DIE LÖFFELCHEN-SCHLAFSTELLUNG IST FÜR UNS SELBSTVERSTÄNDLICH.«

seit **22 Jahren** ein Paar

Rita schreibt:
Mein Liebster macht morgens das Frühstück, und ich werde vom Kaffeeduft geweckt. Wenn alles fertig ist, setze ich mich an den Frühstückstisch, und wir beginnen den Tag. Tagsüber wird gearbeitet, zusammen oder getrennt, und auch diskutiert.

Im Sommer fahren wir, sooft es geht, am späten Nachmittag zum FKK-Baden und beenden den Tag auf unserer Hollywoodschaukel im Garten. Arm in Arm, Kopf an Schulter oder Händchen haltend. Hier ist der Ort der Ruhe und des Friedens. Einfach übers Tal schauen und den Tag ausklingen lassen.

Im Winter treffen wir uns am liebsten vor unserem Kamin auf dem Sofa. Wieder nur, um die Nähe des anderen zu spüren und bei ihm zu sein. Dabei lesen wir uns was aus dem Internet vor oder schauen auch mal einen Film. Wir gehen spät zu Bett. Die Löffelchen-Schlafstellung ist für uns selbstverständlich.

Den Sonntag haben wir als »unseren Tag« reserviert, an dem wir unter anderem oft herrliche Mountainbike-

Touren über unsere Insel machen. Dazu gehören auch mal Wochenendtrips mit dem Rad, an denen wir uns ein Zimmer mieten und ein, zwei Tage dort bleiben oder von dort aus Touren machen.

Das weckt bei uns beiden immer große Vorfreude. Er fängt schon drei Tage vorher damit an, die Kleinigkeiten zu packen. Ein anderer Ort, eine andere Umgebung, sich dort einrichten. Essen gehen, ein Hamam besuchen, sich Massagen nehmen ... All das gibt ein Gefühl von Abenteuer, und das gemeinsam Erlebte kommt uns später immer wieder in Erinnerung.

Wir machen den Haushalt gemeinsam. Dies geschieht ohne Absprache. Jeder macht das, was er gerade mag. Jeder übernimmt auch mal mehr, um den anderen zu entlasten.

Er schneidet mir auch mal einen Apfel auf. Ich backe einen Kuchen. Dies sind Kleinigkeiten, die den anderen erfreuen.

Wir arbeiten auch körperlich in der Natur zusammen. Wir mögen beide die Arbeit mit Bewegung an der frischen Luft. Das macht Arbeiten für uns zum Genuss, und es ist schön, am Ende den Erfolg zu sehen.

Seitdem unsere zwei Söhne aus dem Haus sind, haben wir das Augenmerk auf unsere drei Hunde gelegt, die uns viel Spaß bereiten.

Jeder macht regelmäßig auch was für sich. Er telefoniert mit Kumpels und fährt samstags immer mit seinen Freunden Rad. Ich gehe mit Freundinnen zum Wandern und bin auch liebend gerne allein zu Hause und lasse mich treiben. Er reist ein- bis zweimal im Jahr in seinen Radurlaub und ich zu meiner Familie nach Deutschland und besuche Freundinnen.

Warum es so gut zwischen uns funktioniert?

Ich liebe meinen Partner, und er ist mein »Ein und Alles«. Aber im Hinterkopf weiß ich: Ich brauche ihn nicht, ich könnte auch allein existieren. Das stärkt unsere Beziehung. Früher habe ich meine Partner gebraucht, weil ich glaubte, ohne Partner nicht leben zu können. Ich habe ständig etwas von meinem Partner erwartet. Das hat uns beide geschwächt.

Unsere Liebe lässt frei und ist erwartungslos. Wir sind zwei einzelne, selbstständige Menschen in einer Partnerschaft. Wir haben uns das im Laufe der Jahre ganz bewusst gemacht. Man wächst zusammen an den Aufgaben des Alltags, und trotzdem wächst und entwickelt sich jeder auch selbst.

Wenn wir sehen, dass der andere neue Ziele hat, dann unterstützen wir einander darin, sie zu erreichen. Es macht jeden von uns glücklich, wenn der andere glücklich ist.

Tom und Ellen

UNSER MONTAGSDATE IST DER DREH- UND ANGELPUNKT UNSERER BEZIEHUNG

seit **9 Jahren** ein Paar

Tom schreibt:
Nachdem uns beiden nach ein paar Dates klar war, dass wir uns eine Beziehung vorstellen können, haben wir uns hingesetzt und uns darüber ausgetauscht, wie jeder von uns sich eine Beziehung vorstellt. Das war für uns beide sehr interessant, weil wir das vorher noch nie am Anfang einer Beziehung mit einem Partner gemacht haben. Aber so konnten wir gleich feststellen, welche Wünsche und Erwartungen der andere hat.

Ich brauche viel Zeit für mich und bin viel unterwegs, und das war in meinen vorhergegangenen Beziehungen immer ein Thema.

Ich wollte auch erst mal allein mit meinem Sohn wohnen und nicht zusammenziehen, damit ich meinen eigenen Rückzugsraum habe. Und mir war auch wichtig, dass genügend Zeit für meine Freunde und meine Hobbys bleibt und dass Verabredungen nicht zu einem Streitthema werden. Und mir war wichtig, dass wir eine monogame Beziehung führen.

Meine Freundin fand meine Ideen sehr gut, da sie auch viel beruflich unterwegs ist und sich auch ihre Wohnung als Rückzugsort wünschte. Und sie hatte das Bedürfnis, auch regelmäßig allein reisen zu wollen. Hier habe ich am Anfang, ehrlich gesagt, erst einmal schlucken müssen.

Mir wurde aber sehr schnell klar, welch wichtiges Lebenselixier das Reisen für meine Freundin war und wie viel positive Energie in Form von Freude und spannenden Erlebnissen sie mit ihren Reisen in unsere Beziehung brachte. Es war am Anfang für mich eine Prüfung, wie gut ich ihr vertrauen konnte, und so wuchs das Vertrauen von Reise zu Reise.

Wir haben aber auch sehr schöne gemeinsame Rituale gefunden für die gemeinsame Zeit, die wir verbringen. Ganz gleich, wie oft wir uns nun in der Woche sehen können, haben wir unser festes Date. Das ist am Montagabend. Da kochen wir gemeinsam oder gehen essen und danach spazieren. Oder wir gehen ins Kino und unterhalten uns über alles, was wir in der Zeit, in der wir uns nicht gesehen haben, erlebt haben. Da wir uns beide viel mit unseren eigenen Themen und unserer individuellen Transformation und Heilung auseinandersetzen, ist dieser Austausch für uns beide sehr wichtig, um eben die Veränderung des anderen mitzuerleben und zu verstehen. Wir sprechen hier sehr wahrhaftig und ehrlich all unsere Gedanken aus, über uns als Individuum, als Paar, das Leben und Gott und die Welt.

Es ist für mich dieser regelmäßig stattfindende wahrhaftige und intime Austausch, der unserer Beziehung jedes Mal frischen Wind einhaucht. Das Date geht bis zum Dienstagmorgen weiter, da wir immer am Dienstagmorgen unseren Kaffee im Bett trinken und dort munter weiterreden.

Wenn wir beide viel zu tun haben, ist dieses Montagsdate der Dreh- und Angelpunkt unserer Beziehung, und der Austausch, der dann stattfindet, nährt uns beide für die ganze Woche. Und wir haben auch zwei weitere feste »große Dates« im Jahr: Wir verbringen Weihnachten und einen Sommerurlaub zusammen.

Wir lassen uns gegenseitig viel Freiraum, und wir sind uns beide klar darüber, dass keiner von uns dafür zuständig ist, den anderen glücklich zu machen. Das übernimmt jeder für sich. Und aus diesem selbstständigen und glücklichen Leben heraus begegnen wir uns seit 2012 voller Freude bei jedem Treffen mit einer emotionalen Frische und Verliebtheit, wie ich sie in meinen vorherigen Beziehungen noch nicht erleben durfte. **Es lebe die Liebe!**

Angela und Timo

DAS GEFÜHL DER LIEBE KOMMT DURCH VIELE KLEINIGKEITEN

seit **14 Jahren** ein Paar

Angela schreibt:
Was uns besonders wichtig ist, ist gegenseitige Rücksichtnahme. Zu schauen, wie es dem anderen gerade geht. Das lässt uns immer wieder Entscheidungen finden, mit denen es uns beiden gut geht.

Ich denke, das Gefühl der Liebe kommt durch viele kleine Dinge und ist einfach entstanden durch unsere positive Grundeinstellung zum Leben und den Menschen und durch unser Lachen und den Humor.

Dass wir uns lieben, das spüren wir in ganz vielen Situationen – und das täglich. Es sind nicht die besonderen oder herausragenden Ereignisse, sondern oft die kleinen Situationen, gemeinsame Erlebnisse oder oft auch nur Blicke, wie man sich anschaut und sich berührt.

Schon beim gemeinsamen Frühstück haben wir oft anregende Gespräche, besonders am Wochenende, wenn Zeit da ist. Wir essen möglichst gemeinsam, auch wenn einer auf den anderen warten muss. Wir hören einander bewusst zu und sind für den anderen da, wenn er ein Problem hat. Wir unternehmen viele richtig schöne Dinge gemeinsam und sind viel miteinander unterwegs in der Natur, ob auf ausgiebigen Spaziergängen oder auf schönen Radtouren. Auch den gemeinsamen Bummel in Städten genießen wir beide sehr. Egal, ob irgendwo in unserer Umgebung oder im Urlaub. Da ist ganz oft das Gefühl von »es sich miteinander so richtig gut gehen lassen«!

Unsere Gefühle und unsere Liebe zeigen wir besonders durch kleine Überraschungen im Alltag. Oder indem wir uns spontan und ohne besonderen Anlass etwas Liebes sagen. Oder auch »einfach so« mal einen kleinen Streich spielen und beide herzhaft darüber lachen können.

Ich freue mich, wenn ich »einfach so und ohne besonderen Grund« ein liebes Mail bekomme oder ein kleiner Zettel auf dem Tisch liegt, wenn Timo schon weg ist.

Und jeder von uns freut sich, wenn der andere ein kleines Geschenk mitbringt – einfach so, ohne Grund.

Es ist für uns einfach selbstverständlich, dass der andere sich Zeit nimmt, wenn er merkt, es ist für den Partner JETZT wichtig. Oder wenn der eine für den anderen kocht und ihn verwöhnt.

Was macht ihr besonders gern zusammen, ob in der Woche, am Wochenende oder im Urlaub?

In die Natur gehen, ein kleines Picknick am See, eine Radtour, miteinander kochen, kuscheln, in der Stadt bummeln und irgendwo einen Cappu trinken oder einen Prosecco, am See sitzen und den Sonnenuntergang anschauen, im Sommer bei einem Glas Wein auf die Sternschnuppen warten, an der Feuerschale im Freien sitzen und die Flammen bestaunen … Da könnte ich noch viel aufzählen – ich denke, es ist wichtig, dass man ganz viel gerne zusammen machen und viel gemeinsam genießen kann. Gleiche Interessen und gemeinsam an Unternehmungen Freude zu haben ist sehr wichtig.

Es ist uns wichtig, dass man auch allein sein kann und allein etwas unternehmen kann, ohne dass der andere dann gekränkt ist oder es Unmut gibt. Zum Beispiel der Männer-Stammtisch (nicht im Wirtshaus) oder meine Langstreckenläufe durch den Wald. Da bin ich am liebsten mit mir allein in der Natur unterwegs.

Und wir pflegen einen wöchentlichen Austausch zu den Themen des Lebens, die uns gerade beschäftigen.

Wenn ihr schon mal eine Krise hattet, wie seid ihr da hindurchgegangen? Wie habt ihr sie überwunden? Was könnt ihr anderen Paaren empfehlen, wenn diese in eine Krise geraten?

- Ehrlich und aufrichtig miteinander umzugehen, auch wenn es Enttäuschung oder Wut gibt.
- Auf gleicher Ebene zu kommunizieren und auf alle Fälle fair zu bleiben. Nicht egoistisch zu handeln und den Partner damit zu überfahren.

- Um Verzeihung bitten zu können.
- Das Gespräch suchen – sich nicht böse anzuschweigen und im größten Streit nebeneinander einzuschlafen.
- Wieder aufeinander zuzugehen und den Frieden zu suchen – mal der eine, mal der andere. Es sollte nicht einseitig sein (also nicht immer der Gleiche macht den Anfang).

Was würdet ihr Menschen am Anfang ihrer Partnerschaft aus eurer Erfahrung heraus gern mit auf den Weg geben, damit sie ihre Partnerschaft erfüllend und glücklich gestalten können?

Für uns ist es nicht selbstverständlich, dass der Partner das Leben mit einem teilt und dass man sich liebt. Wir respektieren einander und achten aufeinander, meist wie am Anfang vor vierzehn Jahren. Sich auch nach Jahren noch Komplimente machen und flirten ist ebenso wichtig. Viel miteinander lachen und scherzen. Und viel kuscheln!

Henry und Anna

DIE MISCHUNG VON GETRENNT- UND ZUSAMMENSEIN IST WOHL ENTSCHEIDEND

seit **30 Jahren** ein Paar

Beide schreiben:
Wir sind seit dreißig Jahren ein glückliches Paar und sind dafür sehr, sehr dankbar. Was hat zu dieser erfreulichen Entwicklung beigetragen? Sicher ist es zum einen ein »Geschenk von oben« beziehungsweise Gnade. Wir waren aber auch immer bestrebt, unsere Partnerschaft bewusst zu pflegen, zu genießen und auch zu verbessern.

Was begünstigt unser gemeinsames Glück?

Henry: Für mich war und ist es immer noch ein klares Ja zu dieser Partnerschaft, der Wille, ein gemeinsames Leben zu leben und aus unvermeidlichen schwierigen Situationen zu lernen. Mir machte es das Ganze einfacher, dass ich meine Partnerin faszinierend fand und heute immer noch finde. Ich bewundere Annas Begeisterungsfähigkeit, ihre Lebendigkeit, ihre Kreativität, ihre Power und ihr großes Herz. Und ich sage ihr dies auch öfters.

Für uns ist das offene und ehrliche Gespräch sehr wichtig. In geschäftlichen Dingen ist sie für mich eine wichtige »Beraterin«, da sie eine spannende neutrale

Außensicht hineinbringt. Meine Partnerin verwöhnt mich auf vielfältigste Weise. Wir haben viele gemeinsame Wertvorstellungen und Interessen, unter anderem Wandern, Skitouren, Schwimmen, Lesen, Musik und Essen. Riesige Freude macht uns auch der gemeinsame Tag mit unseren wunderbaren Enkelkindern. Ich spüre aber einfach auch, dass ich gerne mit ihr gemeinsam in der Wohnung bin, auch wenn wir nicht das Gleiche tun. Öfters finde ich sogar das gemeinsame Zähneputzen schön.

Anna: Ich kann dies alles unterschreiben. Ja, gemeinsame Projekte und neue Erfahrungen bringen uns viel Verbundenheit. Der gemeinsame Neubau unseres Zweifamilienhauses vor wenigen Jahren war für unsere Beziehung anfänglich zwar eine riesige Zerreißprobe. Heute sind wir aber noch fast jeden Tag dankbar für unsere neues wunderbares Zuhause, für das wir die meisten Details gemeinsam geplant haben. Das heißt aber nicht, dass wir alles gemeinsam tun. Im Gegenteil: Den persönlichen Freiraum betrachten wir als sehr wichtig. Wir machen vieles getrennt. Wir haben gemeinsame und eigene Freunde. Mein Partner hat sogar eine lose freundschaftliche Beziehung zu einer anderen Frau, was ich schön finde.

In den letzten Jahren ist das Musizieren meine große Leidenschaft geworden. Wir machen teilweise auch getrennte Ferien oder Kurswochen und haben – zumindest zu Hause – getrennte Schlafzimmer. Die Mischung von Getrennt- und Zusammensein ist wohl entscheidend.

So haben wir einander auch viel zu erzählen. Wir spüren: Wenn jeder für sich schon glücklich ist, sind wir auch gemeinsam glücklicher.

Henry: Ganz wichtig ist für uns, dass wir regelmäßig Zeit für »Skin-Time« finden. Das muss nicht, kann aber auch Sex sein. Dazu zählen Körperkontakte, auch Mittagsschläfchen oder Kurzmassagen, ohne Erwartungen und Druck.

Natürlich gibt es auch in unserer Beziehung Ups and Downs. Hier haben wir sehr viel von Kursen, Büchern und CDs zur Persönlichkeitsentwicklung profitiert, die uns geholfen haben, uns selbst und den Partner besser kennenzulernen, besonders unsere Gefühle, unsere Denkmuster und unsere Körperempfindungen. Wir lernten, was wir tun können, damit es uns selbst und in der Beziehung besser geht, und dass wir Krisen als Chance nutzen können. Basis ist auch für uns die Selbstliebe.

Vor gut dreißig Jahren hat mich meine erste Frau verlassen. Das war wohl die größte Lebenskrise für mich, aber gleichzeitig – im Nachhinein – das größte Geschenk. Mein Leben ist seither dank der diversen Kurse (besonders die von Robert) viel spannender, farbiger, einfacher und intensiver geworden. Ich profitierte persönlich und auch geschäftlich gewaltig davon. Es war ein längerer Lernprozess, aber es gab auch einfache wirkungsvolle Tipps und Tricks.

Jetzt mit Anna haben wir in etlichen Bereichen eine klare Aufgabentrennung mit unterschiedlichen und auch oft wechselnden »Chef- und Unterstützer-Rollen«. Der Nutzen im Kleinen: Wir diskutieren nicht alles aus, sondern überlassen dem andern die Entscheidung, vor allem auch, wenn es für ihn wichtig ist. Manchmal lassen wir auch eine Münze entscheiden.

Anna: Ich stimme zu, muss allerdings gestehen, dass ich lieber Krimis als Ratgeber-Bücher lese. Ich habe aber doch etliche Kurse mit meinem Mann gemeinsam besucht und davon stark profitiert. Außerdem unterstützt mich auch mein Partner. Viele schwierige Situationen, in denen ich verärgert oder wütend bin, vermag er mit passenden Worten oder mit Humor aufzulösen. Zudem weiß ich natürlich mittlerweile auch, dass jedes »negative Gefühl« ebenso viel mit mir wie mit dem Partner zu tun hat. Ich bin zwar immer noch viel zu schnell verletzt und »von null auf hundert«, aber auch rasch wieder bei mir.

Henry: Manchmal rede ich in Konfliktsituationen viel zu viel. In diesem Fall klärt oft meine Partnerin die Pattsituation mit der Aufforderung: »Hör doch bitte auf zu reden, nimm mich lieber einfach in die Arme!« Das bewirkt oft »Wunder«.

Meine Partnerin wei*ß* sich auch zu wehren, wenn ich ihr nicht mehr zuhören mag. Wenn ihr dann mein Ohr wichtig ist, sagt sie das klar oder auch mal mit Charme: »Mein Lieber, hör mir doch bitte jetzt mal zu. Und wenn es dich nicht interessiert, dann tu einfach so, als ob.« Das hat meist die erwünschte Wirkung.

Zweimal in unserer langjährigen Partnerschaft drehten wir uns aber trotzdem längere Zeit im Kreis. Wir suchten beide Male das Gespräch mit erfahrenen Therapeutinnen aus unseren Kursen, die den »Knoten« erstaunlich schnell und gut lösen konnten. Wir merkten etwa, dass wir beide tief in uns die gleichen Bedürfnisse nach Liebe und Geborgenheit haben, dass wir aber im Konfliktfall verschiedene Strategien wählen: Ich suche stets den harmonischen Weg, meine Partnerin öfters auch den Angriff.

Fazit

Wir sind sehr dankbar, dass wir auch nach dreißig Jahren noch eine so glückliche Partnerschaft haben, und sagen uns das gegenseitig sehr gerne und sehr oft.

Uta und Peter

LOVING, NO MATTER WHAT ... YES!

seit **23 Jahren** ein Paar

Uta schreibt:

Was die Liebe frisch hält? Wir sind beide in (unterschiedlichen) kreativen Berufen tätig, beide selbstständig und arbeiten seit fast zwanzig Jahren überwiegend von zu Hause aus. Wir sind beide sehr freiheitsliebend und erfüllen das Klischee vom Kreativen, der seine Arbeit liebt, eine Menge Raum für sich selbst braucht und auf jeden Fall »sein Ding« machen muss, um glücklich zu sein.

Als wir uns kennenlernten, hatte ich beziehungsmäßig schon viel ausprobiert, und obwohl ich fast immer in Beziehung war, war dies doch der herausforderndste Teil meines Lebens. Und diesmal wollte ich, dass es anders wird – und plötzlich stand diese innere Einsicht ganz klar vor mir: »Loving, no matter what! YES!« Das war das, was ich jetzt lernen wollte: nichts zwischen uns kommen zu lassen, ehrlich zu sein, nichts unter den Teppich zu kehren – damit die Liebe und Zuneigung fließen kann. Das muss es sein!

Doch so einfach war das natürlich nicht! Trotzdem, dieser spontane innere Fokus hat mich bewusst oder unbewusst begleitet: Was kann ICH tun? Was muss ICH in MIR überwinden, loslassen, damit die Beziehung im Fluss bleibt?

Einen positiven Fokus setzen – hält die Liebe frisch!

Und dann wurde ich schwanger und das, obwohl man mir gesagt hatte, ich könne gar nicht schwanger werden! Ich war überglücklich, kündigte mein Malatelier und fokussierte mich ganz auf Grafikdesign. Die Beziehung plus Kind stellte uns vor komplett neue Herausforderungen: Zusammenziehen? Heiraten? Wer verdient das Geld? Eine Menge Klischees tauchten plötzlich aus dem Unterbewusstsein auf und wollten angesehen .... und losgelassen werden. Jeder hatte unterschiedliche innere Grenzen und Bedürfnisse. Wir holten uns professionellen Rat, und die Empfehlung war dann eindeutig: »Jeder von Ihnen bleibt erst mal in seiner eigenen Wohnung! Sonst liegen Sie beide nach sechs Monaten platt am Boden!«

Klischees loslassen und sich nur an den eigenen Bedürfnissen orientieren – hält die Liebe frisch!

Als unser Sohn geboren wurde, waren wir einfach nur dankbar. Dankbar, zusammen zu sein, und dankbar dafür, dass wir es uns gegenseitig ermöglicht hatten, Eltern zu werden. Und nach einem Jahr sind wir dann zusammen in ein Haus im Umland gezogen – natürlich mit getrennten Schlaf- und Arbeitszimmern; man kann sich ja jederzeit besuchen …

Dankbarkeit – hält die Liebe frisch!

Wir kommen aus sehr unterschiedlichen Elternhäusern und haben in unserer Kindheit sehr konträre Erfahrungen gemacht. Das führte zu massiven Projektionen und Auseinandersetzungen. Während einer Coachingsitzung bekam ich dann das Feedback: »Es ist völlig irrelevant, wie sich Ihr Partner verhält: Es ist nur interessant, wie SIE sich verhalten. Was machen SIE aus der Situation!« Ein Schlüsselerlebnis!

Die Opferrolle loslassen und der Mut, sich seinen blinden Flecken zu stellen – hält die Liebe frisch!

Was mein Partner von Anfang an besser konnte als ich: Dinge zeitnah ansprechen und auch, sich zu entschuldigen. In den explosiven Zeiten unserer Beziehung haben wir unsere Gespräche nach draußen verlegt – ein Waldspaziergang, bei dem die Themen angesprochen wurden, hat uns immer geholfen, Differenzen schneller zu überwinden.

Positives vom Partner zu lernen – hält die Liebe frisch!

Unser Sohn und ich fahren super gerne Ski – mein Partner nicht. Mein Partner und unser Sohn gehen gerne Windsurfen – ich nicht. Fahrradfahren geht auch nicht gut zusammen – zu unterschiedliches Tempo. Und nun? Wir haben unsere Familienurlaube trotzdem rund um unsere Lieblingssportarten gemacht: sich wirklich darüber zu freuen, wie viel Spaß der jeweils andere daran hat, sich erzählen zu lassen und in der Zeit etwas alleine zu machen, was einem selber Freude macht: wandern, schwimmen, lesen, malen oder einfach zuschauen ... und dann die übrige Zeit zusammen verbringen – fanden wir klasse!

Mitfreude – hält die Liebe frisch!

Und dann kam wieder ein Nordseeurlaub mit Windsurfen, und es war grauenhaftes Wetter – auf jeden Fall für mich: Starkwind machte den Männern Spaß, und mir wurde es beim täglichen Schwimmen im Schwimmbad dann doch langweilig! Also ab dem nächsten Jahr: Gardasee zum Surfen im Frühjahr und die Männer alleine im Sommer nach Fehmarn.

Grenzen ziehen – hält die Liebe frisch!

Und siehe da: Letztes Jahr haben wir gemeinsam die Liebe zum Stand-up-Paddling direkt hier an unserem See entdeckt und das gemeinsame »Frühmorgens-im-See-Schwimmen«.

Gemeinsame Unternehmungen – halten die Liebe frisch!

Ich habe Freundinnen, die mir sehr am Herzen liegen – die ich alleine treffe, mit denen ich schonungslos ehrlich sein kann, die mich verstehen und unterstützen und mit denen ich Unternehmungen mache, bis hin zu einem Indienurlaub und einem Besuch der Biennale in Venedig. Ich nehme an Trainings teil und bin in einer Meditationsgruppe und bin immens froh, dass mein Partner sich mit mir freut, wenn ich inspiriert und erfüllt nach Hause komme.

Sich Raum geben – hält die Liebe frisch!

Uns ist es wichtig, dass sich jeder beruflich und für sich selbst ganz in seinem Sinne entfalten kann – da schwingen wir absolut gleich, da erkennen und teilen wir die gleichen Bedürfnisse und freuen uns immens über schöne Erlebnisse des jeweils anderen – und reden auch über schwierige Situationen. Auch wenn es Zeiten gibt, in denen wir beruflich so eingespannt sind, dass wir nicht viel Zeit füreinander haben: Gemeinsame Mahlzeiten und ein kurzer Austausch finden immer statt – und wir freuen uns, wenn der Partner dann zwischendurch einfach eine Tasse Kaffee bringt oder Hausarbeit abnimmt.

Echte Anteilnahme und Fürsorge – halten die Liebe frisch!

Und nach zwanzig Jahren haben wir dann doch geheiratet! Natürlich unkonventionell, nur wir drei hier am See.

Und warum? Weil wir das Gefühl hatten, jetzt haben wir gelernt, wie Beziehung gelingen kann – die vielen Höhen und Tiefen haben uns sehr verbunden und dankbar gemacht. Heute überwiegt das gemeinsame SEIN und das beglückende Gefühl, uns füreinander eingesetzt zu haben.

»We do it our way« – hält die Liebe frisch!

NACHWORT

Ich danke dir herzlich, dass du meinem Buch deine Zeit und Aufmerksamkeit geschenkt hast. Ich wünsche dir, dass es gute Spuren in dir und deinem Leben hinterlässt, ganz gleich, ob du gerade »in einer Beziehung« lebst oder nicht.

In den nächsten Jahren wird sich sehr viel in Frauen, in Männern und in den Beziehungen zwischen beiden verändern. Und zwar mehr, als sich die meisten von uns vorstellen können. In dieser Beziehung und in der Balance der männlichen und weiblichen Kräfte in jedem von uns liegt der Kern der Transformation unserer Gesellschaft, unserer Kultur, unserer Wirtschaft und der Menschheit. Auf das Zeitalter des Patriarchats, der Dominanz, Gewalt und Lebens- wie Liebesfeindlichkeit des einseitig gelebten männlichen Prinzips, wird kein Matriarchat folgen, sosehr sich das vielleicht einige Damen wünschen mögen. Das eine ist nicht besser als das andere, weil alles, was extrem, das heißt nicht in der Balance gelebt wird, zum Missbrauch der unterdrückten Seite führt.

Unsere Welt wird jedoch definitiv »weiblicher« werden und unser Wachstum mehr auf Qualität statt auf Quantität ausgerichtet sein. Die Dominanz von Werten wie Schneller, Höher, Weiter und Größer wird verschwinden zugunsten von Qualitäten wie Sinnerfüllter, Liebevoller, Harmonischer, Ausgleichender, Verbindender, Ganzheitlicher und Nachhaltiger.

Wie wird dies in Frauen und Männern ausschauen? Beide werden die spezifische Schönheit und Kraft hier des Frau-Seins und dort des Mann-Seins entdecken, oder besser: wiedererinnern. Sie werden es in höchstem Maße lieben, eine Frau beziehungsweise ein Mann zu sein und das Göttliche in sich selbst wie im anderen zu erkennen, anzuerkennen und zu bewundern. Sie werden den wahrhaftigen Tanz der Liebe miteinander tanzen, ohne sich aneinander zu fesseln. Sich immer wieder voneinander lösend und doch stets in liebender Verbindung bleibend.

Mögen wir nie wieder vergessen, was es heißt, wahrhaftig zu leben. Denn wahrhaftig zu leben heißt, wirklich zu lieben. Es lebe die Liebe, denn ohne die Liebe ist alles nichts.

GEFÜHRTE MEDITATION FÜR LIEBESPARTNER: »STERNSTUNDEN UNSERER LIEBE – ALS WIR VOR LIEBE BEBTEN«

Mein Geschenk an dich, liebe Leserin, lieber Leser

In dieser Meditation führe ich dich zurück zu einigen Schlüsselmomenten zu Beginn und im Verlaufe deiner Partnerschaft mit deinem heutigen Partner oder deiner heutigen Partnerin, in denen du gänzlich von Liebe zu ihm oder ihr erfüllt warst.

Dieses nochmalige Eintauchen in die Regungen deines Herzens und in eure gemeinsame Schwingung erfüllt dein ganzes Energiesystem und lässt dich noch einmal mit frischem, unverstelltem Blick auf den geliebten Menschen an deiner Seite schauen.

Die von mir geführte Audio-Meditation kannst du unter folgendem Link bzw. QR-Code kostenlos downloaden:

www.robert-betz.com/liebesglueck

EMPFOHLENE VORTRÄGE, MEDITATIONEN, VIDEOS UND BÜCHER ZUM THEMA

Empfohlene Vorträge von Robert Betz

(als CD oder mp3-Download)

- Eine glückliche Beziehung ist keine Glücksache
- Wie Frauen und Männer zu sich selbst und zueinander finden
- Lass es Liebe sein!
- Gemeinsam statt einsam
- Lust auf Liebe? Lust auf Lust?
- Warum Partner fremdgehen

Empfohlene Meditationen von Robert Betz

(als CD oder mp3-Download)

- **Wie die Liebe lebendig bleibt ... (neu!)**
- Bring frischen Wind in deine Partnerschaft
- Mein Partner hat mich verlassen
- Rosenkrieg oder endlich Frieden?
- Meine Mutter und ich
- Mein Vater und ich

- Kurzmeditationen für den Alltag
- Negative Gefühle in Freude verwandeln

Bezugsquelle: www.robert-betz.com oder über den Buchhandel

YouTube-Videos von Robert Betz zum Thema

Unter »Robert-Betz TV« finden sich auf YouTube über zweihundert Videos des Autors, darunter viele zum Thema Partnerschaft und Liebe. Hier eine Auswahl an Titeln:

- Wie eine glückliche Beziehung gelingt
- Lust auf Liebe, Lust auf Lust
- Wie die Liebe frisch bleibt
- Liebe und Partnerschaft
- Wie findest du den Partner deines Herzens?
- Warum du dein Doppelbett zersägen solltest
- Sich aufzuopfern für andere ist keine Liebe
- Ich »brauche« einen Partner
- Warum findest du bisher keinen Partner?
- Darf man denn gar keine Erwartungen haben?
- Was mache ich, wenn mein Partner fremdgeht?
- Hör auf, deinen Partner verändern zu wollen
- Die Mann-Frau-Beziehung wird jetzt aufgemischt
- Erlaube dir, dich verletzlich zu zeigen

- Partnerschaft in der Transformation
- Ich habe von Männern die Schnauze voll
- Ich komme mit Frauen einfach nicht klar
- Mein Partner kann nicht über Gefühle sprechen

Der Link:

https://www.youtube.com/user/RobertBetzTV/search?query=Liebe

Empfohlene Bücher von Robert Betz

Wahre Liebe lässt frei! Wie Frau und Mann zu sich selbst und zueinander finden. Integral 2009 / Heyne 2011.

Willst du normal sein oder glücklich? Aufbruch in ein neues Leben und Lieben. Heyne 2011.

Raus aus den alten Schuhen! So gibst du deinem Leben eine neue Richtung. Integral 2008 / Heyne 2016.

Wahrhaftig Mann Sein. Männer entdecken sich selbst. Heyne 2018.

Jetzt reicht's mir aber! Dein Weg durch Ärger und Wut zum Frieden mit dir und den anderen. Heyne 2017.

Willkommen im Reich der Fülle! Wie du Erfolg, Wohlstand und Lebensglück erschaffst. KOHA 2007 / Heyne 2015.

Dein Weg zur Selbstliebe. Mit dem Mut zur Veränderung deine Wahrheit leben. GU 2015.

Zersägt eure Doppelbetten! Botschaften der Geistigen Welt zu Liebe, Partnerschaft und Sexualität in der Neuen Zeit. Ansata 2010.

Werde, der du sein willst! Schlüssel-Gedanken für ein neues Leben. GU 2015.

Neu denken – neu fühlen – neu leben. Gedanken, die das Leben verändern. Robert Betz Verlag 2017.

Der kleine Führer zum Erfolg. Schlüssel-Gedanken für ein erfolgreiches Leben. Robert Betz Verlag 2008.

Engel reden Klartext in Liebe (zusammen mit Beatrix Rehrmann). Robert Betz Verlag 2012.

ÜBER DEN AUTOR

Robert Theodor Betz, Diplompsychologe, geboren am 23.9.1953 im Rheinland bei Köln, ist einer der bekanntesten Psychologen und Bestsellerautoren der Lebenshilfe-Literatur und gehört zu den erfolgreichsten Seminarleitern und »Top-Speakern« im deutschsprachigen Raum. Seine lebensnahen, lebendig gestalteten und humorvollen Vorträge, zu denen in den vergangenen zehn Jahren über 250 000 Besucher kamen, begeistern mehr und mehr Menschen quer durch alle Bevölkerungs- und Altersgruppen. Sie erläutern in einer für alle verständlichen Sprache, wie wir trotz materieller Fülle und vielen Jahrzehnten des äußeren Friedens Mangelzustände, Krankheiten und Unzufriedenheit sowie Verletzungen und Enttäuschungen in unseren zwischenmenschlichen Beziehungen erschaffen. Darüber hinaus zeigen sie jedoch zugleich wirkungsvolle Schritte auf, mit denen der Mensch sich selbst helfen und seinem Leben eine neue Richtung geben kann.

Robert Betz selbst tat dies im Alter von zweiundvierzig Jahren, als er aus seiner Position als »Vice President Marketing Europe« in einem amerikanischen Industrieunternehmen ausschied, sich eine längere Zeit der inneren Klärung gönnte und sich später in München und Lindau als psychologischer Therapeut niederließ und Ende der 1990er-Jahre mit ersten Vorträgen und Seminaren begann.

In den Jahren danach entwickelte er aus einer christlich-spirituellen Grundhaltung heraus, die weder an eine Kirche noch an eine Religion oder irgendeine Glaubensgemeinschaft oder Organisation gebunden ist, einen eigenen therapeutischen und zugleich Selbsthilfeweg unter der Bezeichnung »Transformations-Therapie nach Robert Betz«®. Seit 2002 bildet er zusammen mit eigenen Ausbildern Therapeuten in dieser Richtung aus. Das Menschenbild, das seiner Arbeit zugrunde liegt, sieht den Menschen von Natur aus als ein Wesen der Liebe, dessen Herz nichts als lieben will, das jedoch seine Verbindung zu seiner wahren Natur verloren beziehungsweise vergessen hat. In diesen Jahren der großen Transformation, des Wandels von Mensch und Erde, erinnert sich der Mensch – so Robert Betz – wieder an seine göttliche Herkunft und wird sich seiner Liebesnatur wieder bewusst. Diese Wieder-Erinnerung wird nach seiner Überzeugung zu einem grundlegenden Wandel im Menschsein und in der Gesellschaft führen.

Der Beziehung zwischen Frau und Mann widmet Robert Betz einen großen Teil seiner Arbeit, da sie neben den »Bühnen« Körper, Psyche und Arbeitsplatz im Mittelpunkt der großen Umbrüche dieser Zeit steht. Zu diesem Thema finden sich in seinem Angebot zahlreiche Vorträge und geführte Meditationen.

Die Bücher von Robert Betz, darunter Top-Bestseller wie *Willst du normal sein oder glücklich?*, *Wahre*

Liebe lässt frei!, *Raus aus den alten Schuhen!* oder *Jetzt reicht's mir aber!*, standen bis heute insgesamt über vierhundert Wochen auf der SPIEGEL-Beststeller-Liste.

Informationen über seine Angebote und die anderer Seminarleiter, die von ihm ausgebildet wurden, unter anderem über die beliebten Urlaubsseminare auf der griechischen Insel Lesbos, finden sich auf seiner Website www.robert-betz.com. Seminar- und Ausbildungsunterlagen können angefordert werden unter info@robert-betz.com oder ausbildungen@robert-betz.com.

WAHRE LIEBE LÄSST FREI

352 Seiten
ISBN 978-3-453-70252-0
HEYNE

Von ihrer Partnerschaft erwarten die Menschen heute alles: Liebe und Freundschaft, Geborgenheit und ekstatische Sexualität, Bindung und Toleranz. »Damit überfordern wir jede Liebesbeziehung und produzieren Enttäuschungen!«, sagt Robert Betz – und empfiehlt: »Der Schlüssel zu wahrhaft erfüllender Liebe ist das Entlassen des Partners aus den eigenen Erwartungen.« Der Bestsellerautor zeigt, wie man begrenzende Muster erkennt, sich aus Verstrickungen der Vergangenheit löst und den Weg zur wahren Liebe öffnet.

LIEBESGLÜCK IST KEINE GLÜCKSACHE

Das Hörbuch

Hörbuch
ISBN 978-3-946016-32-8
Robert Betz Verlag

»Liebesglück ist keine Glücksache!«, sagt Robert Betz und zeigt, wie wir wahre Liebe finden, bewahren und immer wieder erneuern können. Seine kraftvollen Impulse bieten überraschende Aha-Erlebnisse und öffnen das Herz für die Liebe zu uns selbst und zugleich zum Partner. Dieses Hörbuch macht Mut, sich den eigenen Sehnsüchten und Gefühlen zuzuwenden, alte Überzeugungen loszulassen und Freiheit, Ehrlichkeit und wahrhaftige Liebe zur Basis der Partnerschaft zu machen. Gesprochen von Robert Betz.

Zu beziehen über den Online-Shop auf
www.robert-betz.com

WIE DIE LIEBE LEBENDIG BLEIBT

Neue Meditationen für Liebende
von Robert Betz

2 CDs
ISBN 978-3-946016-31-1
Robert Betz Verlag

Auf dieser Doppel-CD bietet Robert Betz eine Reihe von tiefgreifenden Meditationen an, mit denen Beziehungspartner ihre Liebe vertiefen, auffrischen und erneuern können. Diese Begegnungen im Innern öffnen das eigene Herz und berühren das Herz des Partners und bringen frische Impulse in die Partnerschaft. Auch die in diesem Buch zum Download angebotene Meditation »Sternstunden unserer Liebe« befindet sich auf dieser Doppel-CD.

Zu beziehen über den Online-Shop auf
www.robert-betz.com

QUELLENNACHWEIS

Autor und Verlag bedanken sich herzlich für die folgenden freundlichen Abdruckgenehmigungen:

S. 36: Liebe schenkt, S. 52: Liebe ist, S. 69: Liebe befreit, S. 87: Weil ich dich liebe © Andrea Gegner (www.andreagegner.de)

S. 25: Khalil Gibran: Der Prophet. Der Narr. Der Wanderer. © 2010, 2021 Anaconda Verlag, München, in der Penguin Random House Verlagsgruppe GmbH, Neumarkter Str. 28, 81673 München. S. 21 f.

S. 44: Mikhaïl Naimy: Das Buch des Mirdad. © DRP Rosenkreuz Verlag – Birnbach. 7. Auflg. 2011. S. 99.

S. 60: Osho: Das Buch der Frauen. In der Übersetzung von Hannelore Müller. © der deutschen Übersetzung: 2004 Allegria Verlag in der Ullstein Buchverlage GmbH, Berlin. S. 217. (© OSHO International Foundation – www.osho.com)

S. 77: Virginia Satir: Mein Weg zu dir. © 1989 Kösel Verlag, München, in der Penguin Random House Verlagsgruppe GmbH, Neumarkter Str. 28, 81673 München. S. 16.

S. 107: Safi Nidiaye: Die Stimme des Herzens. © 1998 by Bastei Lübbe AG, Köln. S. 20 f.